◆ 労務・社会保険法研究会 編 ◆

企業のうつ病対策ハンドブック

―― つまずかない労務管理2 ――

信山社

はじめに

　会社の創業期には、攻めの経営が求められます。
　良い商品(技術・アイディア・サービス)を開発し、ひたすら売り込む経営です。
　商品開発力と営業力が最優先されます。
　しかし、企業がある程度成長してきますと、守りの経営も重要になってきます。経理、税務、法務、そして労務等の管理部門です。創業者社長は非常に前向きで積極的な方が多いので、ともすれば守りを軽視しがちですが、それでは成長の限界にぶつかります。
　たとえば、クビにした従業員が解雇無効を理由に地位保全の仮処分を申し立て、弁護士を依頼して争った結果、数ヶ月後に200万円を支払って和解した、というようなケースはごく普通のものですが、この200万円は全く純粋なマイナスです。200万円を営業利益で計上するには、その10倍の2,000万円の売上げ増が必要である、という会社が多いのですから、守りにおけるエラー、失点のダメージがどれだけ大きいものか、ご理解いただく必要があります。守りを固めなければ会社は大きく育ちません。
　私どもは、会社において日常の労務管理を担う社会保険労務士と、法的紛争が起きたときに依頼される弁護士とのコラボレーションを図り、平成20年10月に第二東京弁護士会内の法律研究会として労務・社会保険法研究会を立ち上げました。平時と非常時とを貫く労務管理体制を築き、会社の基礎体力増進に役立ちたいという考えによるものです。
　当研究会の最初の成果物「退職金切り下げの理論と実務」に続き、第2弾は、うつ病社員のケアと管理について研究の成果を発表することになりましたが、この分野は、社会保険労務士と弁護士だけでも足りません。産業医とメンタルヘルスコンサルタントの方も研究会に加わっていただき、多角的な視点から検討するよう努めました。
　この本を貴社のお役に立てていただければ幸いです。

　平成23年5月
　　　第二東京弁護士会　労務・社会保険法研究会代表幹事
　　　　　　　　　　　　　　　　　　　　弁護士　秋山清人

凡　例

この書籍の表現について、以下のとおり表記しています。

◆ 本書では、「裁判例」と「判例」を以下のように使い分けています。
　「判　例」＝最高裁判所の判断
　「裁判例」＝高裁以下の判断
　なお、一般的な裁判の結果の総体として述べているときには「裁判例」を使用します。

◆ 裁判の引用
　事件名、裁判所、裁判の種類（判決か決定）、判決年月日、掲載誌と記します。
　例：〈判決文の引用では〉
　　　片山組事件・最高裁平成10年4月9日判決・判時1639号130頁
　　　〈文中での事件紹介では〉
　　　片山組事件（最高裁平成10年4月9日判決・判時1639号130頁）

◆ 引用文献
　判例や裁判例に関する情報を入手するための掲載誌については以下のように略しています。
　「判　時」＝判例時報
　「判　タ」＝判例タイムズ
　「労　判」＝労働判例
　「労経速」＝労働経済判例速報

◆ 法 令 名
　労　契　法　　労働契約法
　労　基　法　　労働基準法
　労災保険法　　労働者災害補償保険法
　安　衛　法　　労働安全衛生法
　安　衛　則　　労働安全衛生規則
　育休・介護休業法　育児休業、介護休業等育児又は家族介護を行う労働者の福祉に関する法律

　　以上の他、慣例によって表現します。

目　次

はじめに

◇第1章　うつ病のリスク分析 ―――――――――――1

1　誰にどんなリスクが発生するか ……………………………2
（1）本人に発生するリスク(2)　／（2）周囲に発生するリスク(2)　／
（3）会社に発生するリスク(3)　／（4）上司や役員に発生するリスク(3)

2　どういう場面でリスクが発生するか ………………………5
（1）初期対応におけるリスク発生(5)　／（2）休職命令時におけるリスク発生(5)　／（3）復職時におけるリスク発生(6)

3　リスクに対するヘッジ ………………………………………7

◇第2章　各専門家の視点から ―――――――――――9

1　元人事担当者の視点から～ベテラン人事担当者からみた新人人事担当者のよくある誤解～ ……………………………………9

2　産業医の視点から～社内でのメンタルヘルス対策システムの構築～ …………………………………………………………11

3　メンタルヘルスコンサルタントの視点から ………………13
（1）全従業員への意識付け(13)　／（2）適切な相談窓口(13)　／
（3）労働環境の整備(14)　／（4）就業規則をはじめとしたルールの整備(14)

4　社会保険労務士の視点から～万全な就業規則の作成と良好な職場環境の必要性～ ………………………………………………15

5　弁護士の視点から～早め早めの対応で証拠確保を～ ………17
（1）労働者が圧倒的に有利な労働事件(17)　／（2）トラブル発生前から証拠確保を(18)　／（3）平時から弁護士等専門家のアドバイスを受ける体制を(18)

目　次

◇ **第3章　平常時に企業に求められるうつ病対策** ─────── 21

　1　企業が整備しておくべきうつ病対策……………………… 21
　　　（1）企業が負う法的義務と日常的なうつ病対策の必要性 (21)／
　　　（2）労働安全衛生法上の義務 (22)／（3）使用者の安全配慮義務 (22)／
　　　（4）うつ病対策の留意事項と専門家との連携の必要性 (23)

　2　平常時に行うべきうつ病対策の具体例…………………… 24
　　　Ⅰ　制度・体制づくり ……………………………………… 24
　　　（1）就業規則の整備 (24)／（2）健康診断の実施 (27)／（3）産業医の選任とその職務 (28)／（4）衛生管理者（安全衛生管理者）・衛生推進者（安全衛生推進者）の選任とその職務 (31)／（5）衛生委員会（安全衛生委員会）の設置と定期的な開催 (33)／（6）相談窓口（外部も含む）の設置 (35)
　　　Ⅱ　定期的な対策 …………………………………………… 36
　　　（1）うつ病対策の研修の実施 (36)
　　　Ⅲ　日常的な対策 …………………………………………… 39
　　　（1）組織的な対策（防止対策・早期発見対策）(39)／（2）うつ病対策としての長時間労働対策 (44)／（3）健康情報の管理 (46)

　3　中小企業のうつ病対策に関する問題点…………………… 48
　　　（1）経営者層への啓蒙、専門家からの助言・指導 (48)／（2）長時間労働の抑制等に向けた働き方の見直し促進 (48)／（3）専門家とのネットワークづくりとメンタルヘルス対策推進担当者の設置 (49)／（4）外部の専門家（弁護士や社会保険労務士）の活用方法と留意点 (49)

◇ **第4章　うつ病と疑われる社員が出てきた場合の対処法** ── 51

　1　うつ病の初期対応…………………………………………… 51
　　　（1）うつ病の兆候 (51)／（2）管理職の対応 (54)

　2　うつ病が判明したときの具体的対応……………………… 63
　　　（1）労働時間の短縮 (63)／（2）配置転換 (63)／（3）通院状況の確認 (65)

◇ **第5章　うつ病によって勤務が困難となった社員への対処法（休職期）** ─────────────────────── 67

目　次

1　はじめに ……………………………………………………………… 67
　　（1）ある日の会社の光景（67）／（2）Aさんが無断欠勤に至った原因は何か（67）

2　個別労働契約の合理的解釈 ………………………………………… 68
　　（1）債務の本旨に従った労務を提供する義務（68）／（2）配　転（68）／（3）職位の降格（70）／（4）「債務の本旨に従った労務の提供」の有無の判断（70）／（5）うつ病によって勤務が困難になった社員に賃金を支払う必要があるか（71）

3　うつ病により勤務が困難になった社員を解雇できるか …… 72
　　（1）解雇権濫用の法理（72）／（2）直ちに解雇ができない場合の措置（73）

4　休職制度 ……………………………………………………………… 74
　　（1）これまでの休職制度の活用の限界（74）／（2）「休職」の定義（74）／（3）休職制度の意義（企業のリスクマネジメント）（75）／（4）休職の根拠（76）／（5）「債務の本旨に従った労務を提供する義務」の有無の判断＝就業継続の可否（休職の要否）の判断（77）／（6）休職命令が出せるか（79）／（7）休職期間の程度（80）

5　休職期間中の労務管理 ……………………………………………… 82
　　（1）休職期間中は、社員の生活をどの程度管理すべきか（82）／（2）報告義務を課せるか（82）／（3）休職中の活動の制限（83）

6　休職を繰り返す社員への対処 ……………………………………… 85

7　休職期間の満了と自動退職 ………………………………………… 86

◇第6章　モデル休職規程 ──────────────── 89

1　休職規定とは ………………………………………………………… 89
　　（1）休職制度の意義（89）／（2）休職制度の留意点（90）／（3）休職規程の活用の仕方（90）

2　モデル休職規程 ……………………………………………………… 91

◇第7章　うつ病での休職から職場復帰する場合の対処法 ── 107

1　復職判断の難しさ …………………………………………………… 107

目　次

2　職場復帰可否の判断 ……………………………………………109
（1）休職者の職場復帰意思確認（109）／（2）主治医診断書の提出要請（109）／（3）産業医との面談（110）／（4）会社による最終的な職場復帰の可否判断（110）／（5）「治癒」の概念（110）／（6）社内の体制や手続の整備及び手順の履践（112）／〈参考〉「面談記録票」（114）

3　リハビリ出社制度 ……………………………………………115
（1）リハビリ出社制度とは（115）／（2）リハビリ出社の法的根拠（115）／（3）リハビリ出社制度を導入する際の問題点（116）／（4）リハビリ出社制度の問題点への対応（116）／（5）職場復帰の可否の判断（119）／（6）リハビリ出社制度を効果的に活用するための留意点（119）／〈参考〉リハビリ出社規程（例）（119）／〈参考〉リハビリ出社申請書（122）／〈参考〉リハビリ出社承認通知書（122）

4　復職不可能と判断した場合の対応 ……………………………124
（1）自動退職規定がない場合（124）／（2）自動退職規定がある場合（124）／（3）復職可否判断が困難な場合（125）

5　職場復帰後の対応 ……………………………………………127
（1）職場復帰後の対応方針（127）／（2）労働者希望による復職後の労働条件変更（130）／（3）会社側による復職後の労働条件変更（133）／（4）復職に関連して就業規則で規定しておくべき事項（136）

6　復職後、精神疾病が再発した場合の措置 ……………………140
（1）はじめに（140）／（2）再度の休職に付す必要性（140）／（3）休職期間について（141）／（4）前休職により休職期間を使い切っていた場合（142）

◇第8章　うつ病をめぐる補償と企業の責任 ────145

1　うつ病と企業のリスク ………………………………………145

2　社員がうつ病になった場合の補償について …………………146
（1）健康保険制度の給付（146）／（2）労災保険制度の給付（147）／（3）健康保険と労災保険の切り分け（150）

3　労災保険制度を巡る法的問題 ………………………………151
（1）労災給付の要件（151）／（2）業務起因性の判断基準（151）／（3）業務の過重性（精神的負荷の強度）の判断基準（158）／（4）業務起因性と企業が安全配慮義務違反を問われる場合の因果関係との関係（158）

4 業務起因性の有無が争われた最近の裁判例について ………*159*
5 企業が負担すべき民事上の損害賠償義務 …………………*164*
（1）労災保険と民事上の損害賠償義務との関係（*164*）／（2）損害賠償義務の内容（*164*）／（3）安全配慮義務（*165*）／（4）取締役の責任が問われる場合（*166*）

6 うつ病と企業の民事上の損害賠償責任をめぐる最近の裁判例 …*168*
（1）何を学ぶべきか（*168*）／（2）重 要 判 例（*168*）／（3）職場環境の積極的な整備の必要性（*175*）／（4）通常以上の配慮が必要な場合（*176*）／（5）社員間、上司部下間のトラブル（*176*）／（6）会社の損害賠償責任を否定した判決（*177*）／（7）過 失 相 殺（*177*）

企業のうつ病対策ハンドブック

第1章
うつ病のリスク分析

　うつ病への対応体制を考えるために、まず、うつ病関係のリスクは、どういう場合に、どういう範囲で、どのようなリスクが発生するのか、分析しておくことが有用です。

　WHO（世界保健機関）の疫学調査によれば、うつ病の有病率は人口の３〜５％といわれます。したがって、社員数が15名〜20名程度の会社であれば、中に一人くらいはうつ病患者がいても当然だということになります。そして、うつ病患者発生後の対応次第では１億円以上の損害賠償責任を会社が負担することもありえます。これだけのリスクがあることを認識し、それに見合った対応体制整備を推進して下さい。

1 誰にどんなリスクが発生するか

（1）本人に発生するリスク

　うつ病は、まず、誰よりも本人にとってのリスクです。劣悪な職場環境のせいで、あるいは職場環境の影響があって、うつ病を発症し、労働能力の一部または全部を失うリスク。発症後の不当な圧力やケア不足によって病状が悪化し、治癒が遅れる、または治癒不能となるリスク。休職していったん治癒しても復職後のケア不足等によって再発するリスク。そして、うつ病罹患は生きることの喜びを奪い、ときには本人を自殺に追い込んでしまうというリスクがあります。

　うつ病対応体制を考える場合、何よりもまず、本人の病状を改善に導くためにどうすべきかという観点が求められることを忘れてはなりません。

（2）周囲に発生するリスク

　うつ病社員が発生すると、周囲の社員にも影響が出ます。様子のおかしい社員にどう対応すればよいのか、放っておいてよいのか、何かしてあげなくてはいけないのか、仕事の進みが悪くなっている分を助けてあげるべきなのか、上司に報告した方がよいのか等々、周囲の社員が対応に困って仕事の効率が悪くなるというのが一つのリスクです。うつ病社員ができなくなった分の仕事量をどう処理すればよいのか、うまく対応しないとその部署全体の事務処理能力がた落ちになるというリスクもあります。

　うつ病社員に対する対応次第では、周囲の社員から上司や会社に対する不満が出てくる場合があります。ケアが足りない場合には、不人情な会社だ、自分たちもこの会社で働いていていいのだろうか、という疑問が出てきます。反対に、うつ病社員が何年間にもわたって休職・復職を繰り返していたりすると、勤勉に働いている自分たちに対する処遇と比較して甘い、という批判が出てくることもあります。うつ病社員を抱えているために、他の社員の士気が失われていき、職場全体の活力が衰えてくるというのが、もう一つの重大なリスクです。

（3）会社に発生するリスク

　会社に発生するリスクは、まず第一に、使用者としての損害賠償責任を負担させられるリスクです。

　うつ病の発症が長時間労働や劣悪な環境での労働、またはセクハラ・パワハラなど会社側に責任のある事由によるものだとされたケースでは、うつ病患者が自殺した場合の逸失利益と慰謝料、自殺しない場合でも労働能力喪失によって収入が減少した分の損害等、その一部または全部を会社が賠償することになります。この場合の賠償額は、生涯賃金額の水準にまで達する可能性がありますから、1億円、2億円という金額になることも考えられます。このような巨額のリスクに備えて使用者賠償責任保険に加入することも検討するべきでしょう。

　うつ病を理由として解雇する、休職命令を出す、復職を認めない等の場合には、解雇無効を争う労働審判や地位保全の仮処分が申し立てられることが多々あります。会社側が敗訴した場合の経済的負担もさることながら、仮処分の審理等が長期化した場合の会社担当者の時間的・精神的負担も馬鹿にできません。また、裁判になって敗訴したような場合、会社の内外に及ぼす悪影響も重大です。会社の責任を認める判決が出た場合など、追随して同様の訴訟提起等をする社員が続出するリスクがあります。対外的に会社の評判が落ちるというリスクもあります。法的紛争のリスクは莫大なものがあります。法的紛争が起きてから弁護士を頼むのではなく、法的紛争が起きないよう予防するために、社会保険労務士と協力して活動する弁護士を確保しておきたいところです。

（4）上司や役員に発生するリスク

　会社に対する責任追及と併存して、上司や役員の個人責任が追及される場合もあります。上司の心ない対応がうつ病社員の自殺を引き起こした、といわれるような場合です。セクハラやパワハラという問題について配慮を欠いた言動があると、それがうつ病を発症させた原因である、ないしは原因の一つである、といわれるケースも多々あります。

　上司や役員が会社と一緒に訴えられて被告となり、損害賠償責任を追及されるというのは大変辛いものですが、そこまでいかなくても、真面目な上司・役員は、うつ病社員にどう対応すべきか、下手なことをして悪化させてはいけない、他方、会社の責任を問われるようなことになってもいけない、と悩んでし

第1章　うつ病のリスク分析

まいます。上司が悩んでしまい、自分が病気になりかねないというのも無視できないリスクです。

2 どういう場面でリスクが発生するか

（1）初期対応におけるリスク発生

　うつ病社員の発生時のリスクは最大級にまでなりかねません。軽視せず、真剣に取り組む必要があります。

　うつ病が会社の責任につながる労働災害なのか、会社と無関係な私傷病なのか、後々会社の責任が問題になる場面で、常に問われる問題です。

　うつ病社員の発生を見逃さず、サインが見られたらただちに産業医の面談を組む等して病状を確認すると共に、長時間残業や執務環境の問題点、セクハラ・パワハラが存在しないか、実情を調査しなければなりません。

　もし、会社に責任のあるうつ病だ、と判断される可能性があるようであれば、漫然と成り行きに任せてはなりません。連鎖を断ち切る努力が必要です。長時間残業を止めさせる、部署の転換によって執務環境（セクハラ・パワハラ環境）の問題から切り離す、休みを取ってリフレッシュするよう指導する等、「会社に責任のあるうつ病」といわれないようにするために最大限の努力が必要です。ここで漫然と放置すると、その後の悪い結果はすべて会社の責任ということになりかねません。

（2）休職命令時におけるリスク発生

　私傷病であるうつ病によって労働契約の本旨に従った労務の提供ができない、という場合には、本来、解雇して問題ないはずです。しかし、実際には、うつ病が仕事のせいである可能性（業務起因性）が否定しきれないとか、有用な人材を失いたくないとか、解雇は可哀想だという人情論とかがあり、休職という扱いにする会社が多く見られます。

　それ自体は望ましいことだと考えられますが、ただ、一時しのぎのような感覚で休職にし、その後、復職、休職を繰り返すという、本人のためにも周囲の社員のためにも、そして会社にとってもよくない事態になることも少なくありません。

　休職する場合の要件、手続き、休職が終わった時点での扱い等、後に禍根を残さないように決まりを作っておき、手続き的にもきちんとして、本人の納得を得ることが肝要です。

（3）復職時におけるリスク発生

　しばらく休職している間に具合が良くなって会社に復職する。これは、大変うれしいことです。しかし、この復職時におけるリスクはかなりのものです。

　うつ病社員は死にたい気分（希死念慮）になることが珍しくないのですが、特に、回復期に、だいぶ元気になったな、と周囲の者が思った、その隙に自殺してしまうことが多い、といわれています。折角、回復した社員を、どうやって軌道に乗せていくか、細心の配慮が求められるところです。

　復職時というのは、休職期間が満了になっても治癒したとは認められない社員に、退職（一種の合意退職なのか、自動退職という呼び方の実質解雇なのかという問題もあります）を納得させる時期でもあります。ここで対応を誤ると、法的紛争につながります。だからといって、引導を渡し損なって、何となく復職させ、そして当然のようにまた休職を繰り返すというのは会社全体をむしばむことになりかねない悪弊です。復職の判断時も、休職時と同様、要件、手続き、判断機関（委員会構成を組んで対処することが多いようです）等の決まりを明確にし、手続き的にも非難されないような態勢を作る必要があります。

3　リスクに対するヘッジ

　以上、うつ病関係のリスクについて述べました。
　そうなると、今度は、リスクに対する備え（ヘッジ）はどうすべきか、という話になってきます。これは、具体的には次章以下の各論で述べることになりますが、とりあえず、今までの記述でも明らかなことは、
　「うつ病に対応する体制（システム）をきちんと構築しておきましょう」
　ということです。
　きちんと決めておかないと、同僚が迷惑し、上司が対応に迷い、会社の責任を問われる要因が発生し、本人が救われないと共に、会社全体のモラルが下がっていく、という悪い方へ、悪い方へ進んでいくことが珍しくないのです。
　うつ病対応体制の構築、考えただけで大変そうです。自分ではやりたくないのが当然です。しかし、いつか、誰かが勇気を奮って取り組まなければならない大切な仕事です。
　たまたま、その任にあたったときは、ひるまず、やり通して下さい。達成感は大きいと思います。
　それから、一つ、会社の外に手助けできる専門家がいることを忘れないで下さい。

第2章
各専門家の視点から

1 元人事担当者の視点から～ベテラン人事担当者からみた新人人事担当者のよくある誤解～

① 精神医学的知識が豊富である必要はない

　メンタルヘルス不調者を早期に発見するために、精神医学的知識がないことを不安に思う人事担当者がいます。しかしながら、人事担当者が精神医学的知識を十分に身につけることは不可能ですし、また、その必要性もありません。大事なのは、会社の管理者に、従業員の言動や態度の変化に注目し、「いつもと違う」ということに気付くよう教育することです。そして、管理者が「いつもと違う」ということに気付いた際に、産業医をはじめとする産業保健スタッフに連絡をとって、その異常がどのような精神疾患の表れなのか聞くことができる体制を作ることが人事担当者の役割なのです。

② 社員の健康状態を人事担当者はすべて把握する必要はない

　人事担当者は得てして、社員の情報を全て把握したがる傾向にあります。その結果、メンタルヘルス不調者が出た場合、どんな場合でも当該社員の健康状態を把握しようとします。しかしながら、社員からすれば、人事担当者に自身の健康状態のデータが伝わることはいやがるものです。それをもって人事上の不利益が生じるのではないかと思うからです。仮に、社員のメンタルヘルス不調が発生する都度、実名で人事担当者に情報が伝わるようになると、社員が今後メンタルヘルス不調を管理者や産業保健スタッフに申告することを敬遠するようになり、結局は、会社の対策も後手後手になりかねません。

　人事スタッフの大きな役割の一つに、管理者や産業保健スタッフが実施する相談対応を支援・指導することがあります。業務に支障が出るような状況になり、人事異動や、解雇、休職発令、復職発令等の就業規則等の適用・解釈が必

要となる場面にならないかぎり、基本的には、現場の管理者や産業保健スタッフに相談対応をまかせることが必要です。

また、社員の健康情報を得る際には、社員のプライバシーに配慮しなければいけません。社員のためとばかりに、当該社員の同意なしに、会社が色々当該社員の個人情報をかき集めるようなことはあってはなりません。

③ 専門家への受診を勧めることをためらう必要はない

うつ病であるため、精神科への受診を勧めることに後ろめたさを感じる人がいます。何か本人に悪いことをいうような気になるのでしょう。また、当該社員も精神科への受診を勧められることに反発する人もいるのも事実です。そのため、見て見ぬふりをする人事担当者や管理者も多いのが実態です。

しかし、ここは本人のためと思い、社員に精神科への受診を勧めなければなりません。社員とどのように接してよいのか、このまま勤務をさせてよいのか、よくわからない場合には、産業医等の産業保健スタッフに聞けばよいのです。

これは復職判断の際にも同様のことがいえます。復職させるべきか迷うときも、産業医と十分な意見交換をするなど専門家をうまく活用することが大事なのです。

以上の点を挙げてみると、人事担当者に求められることは、人事担当者がうつ病そのものについて特段詳しくなることが求められるのではなく、社内の役割分担や、社外の専門家を有効に活用する社内の仕組みを作ることが求められているといえます。そのため、就業規則をはじめとする休職規程を整備することはもちろん、社内の研修体制等を整備することこそ人事担当者の役割といえます。メンタルヘルス不調者に対して異動や解雇等の人事権を発動する際には、微妙な判断を迫られることがあり人事担当者の頭を悩ませるところですが、社内体制を整備し、しっかりと役割分担をした上で、適切に情報を収集した上での会社の判断であれば、会社の人事権行使の際に発生する法的リスクは低くなるといえるでしょう。

さらに、このような社内体制の整備の必要性を、会社の経営者に理解してもらい、全社をあげて意識づけするような体制作りに取り組むように働きかけることができれば、人事担当者としては完璧だと思います（私はこの域には達することはできませんでしたが……）。

2 産業医の視点から
～社内でのメンタルヘルス対策システムの構築～

　私は、普段は精神科医として医療機関で臨床をしていますが、その一方嘱託産業医として複数の事業所のメンタルヘルス対策に関わってきました。産業医としてメンタルヘルス対策をしていて一番思うことは、社内システムが構築されているか否かでその効率や、効果が全く違う事です。今回、精神科を専門とする産業医という経験を活かして、私が実践している事業所におけるメンタルヘルス対策のシステム作りの方法について書こうと思います。

　うつ病を発症した社員やその上司は、自分や部下がうつ病だと気付かないことが多々あります。また気づいたとしても自分たちで問題を抱え込んでしまって、どこに相談したらいいのかわからないうちに症状が重症化し休職となって初めて産業保健スタッフが把握する事が多いのが実際です。

　このため、それまでメンタルヘルス対策があまりなされていなかった事業所に産業医として初めて訪問してしばらくは、休職後のフォローや復職後のフォロー（後述、**第5および7章のコラム**）といった、事後処理（二次および三次予防）に追われることが多いです。しかし、休職を未然に防げた方が社員や事業所にとって効率的で経済的であり、産業医の仕事も本来は教育活動や早期発見・対応といった予防的介入に力を割ける事が理想です（一次予防）。

　そこで、人事スタッフ、衛生管理者、場長を含む、出来れば社員一人一人に対して啓発・教育活動として、うつ病の初期症状や、対応の流れ（後述、**第4章**）についてお話し、互いの相談体制を構築していくことを目指します。具体的には、社員一人一人が自分の症状に早期に気づき、気づいたら上司に相談できるようにすること（セルフケア）、また上司も部下の不調に早期に気づけるようにすること（ラインケア）、本人または部下の不調に気づいた上司が相談できる窓口として衛生管理者や産業医がいること（産業保健スタッフによるケア）を周知し、同時に本人の家族に援助を求めること、EAPなどを導入している事業所ではそれらの外部組織へ相談できる窓口がある事（事業場外資源によるケア）も周知します（4つのケア）。

　ここで産業医が精神科専門外の場合には、事業場外のケアとして精神科主治医の存在が大きくなりますが、疾病性を中心に考える主治医の対応が特に復職

時の判断などで事業場を混乱させることも時としてあります（後述、**第7章のコラム**）。というのも職場での対応は疾病性ではなく事例性が求められるからです。つまり、うつ病の社員の変調・不調に対して医療対象として関わる前に、対人関係を含めた職場環境、業務の内容や質や量に焦点をあてて問題解決をはかっていくことが求められるからです。このように職場環境、業務の内容や質までを考慮するといった、事例性への対応を可能とするには上司や同僚といった職場スタッフ、人事スタッフ、産業保健スタッフの3者の協力によるチーム支援体制の整備が必要となります。特に復職の場面でこのチーム支援体制が重要となり、復職者の職場の適応、しいては再休職率が左右されます。長期休職者の防止のためにもチーム支援体制の充実が求められます（後述→**第7章コラム**）。

　以上、メンタルヘルス対策の社内システム作りの方法についてみてきましたが、まとめると

　① 早期発見、対応

「4つのケア」によるケア体制を徹底し、教育・啓蒙活動により医療職主導であった体制を管理職主導にしていくことで、二次・三次予防から一次予防へのシフトを目指す。

　② 長期休職者の防止

　上司や同僚といった職場スタッフ、人事スタッフ、産業保健スタッフの3者の協力によるチームで事例性に焦点をあてた対応や支援を行う。

が大切であると考えられます。

3 メンタルヘルスコンサルタントの視点から

　昨今、多くの企業でメンタルヘルスケアが課題となっていますが、組織的に対策ができている企業は少なく、勤怠の乱れた社員や、休職者・復職者等への対応で手を煩わせているようです。

　コンサルティングの現場で、まず最初に気をつけるのは、あまり原因究明に深入りしないということです。

　企業には、従業員のメンタル不調の原因の全てを取り除く力はありません。なぜならば、メンタル不調の原因の半分、あるいはそれ以上が私生活と何らかの関わりがあるとされているからです。借金問題や夫婦の関係にまで企業が介入することは不可能です。したがって、企業に課せられた使命はメンタル不調者発生を前提とした早期発見の体制構築であるということになります。

　では、予防体制の構築とは何でしょうか。それはまず、きちんと担当部署を決めることです。

　従業員数1,000名以下であれば、兼務で十分であり、それを超えたら1人専任者を設けるくらいでよいのです。これが無いために、予算もPDCAも何もできずに場あたり的な処置で終わっていることが多いです。それができたら、対策として下記の要素を漏れなく行うことが必要です。どれか一つだけ実行しても効果は望めませんから、すべてを少しずつ進めるのがよいでしょう。

（1）全従業員への意識付け

　これは経営者から新入社員に至るまで、働く全員が心身の健康に対して自己責任を感じ、正しい知識を持つよう企業側が指導していくことです。その方法は研修、イベント、ポスター、社内報、などいろいろあります。また、段階を追ってその動きを従業員の家族にまで広げる必要があります。

（2）適切な相談窓口

　いくら意識付けを行っても、従業員が利用しやすい窓口がなくては困ります。これは、内部と外部に両方設置すべきであり、内部は、上司と部下が評価の時期に行う面談でまかなってもよいでしょう。また、産業医へのルートも人事部門が積極的に道を開いておくべきです。外部相談窓口は、匿名利用という特色

を生かし、活用することができます。

(3) 労働環境の整備

過重労働防止やハラスメント防止を行います。労働環境向上ではなく、従業員の労働環境に悪影響を及ぼすものを見つけて取り除く行為、ととらえると、やるべきことが見えてきます。こういった話し合いに、衛生委員会を利用したいものです。

(4) 就業規則をはじめとしたルールの整備

労働時間管理、健康管理に関するルールは人事・労務部門で明確に取り決め、現場に徹底させます。特に、休職・復職・退職に関するルールは、常日頃から従業員に共有させ、いざその時が来て初めて知る、ということを避ける必要があります。これは労使トラブルの防止にもつながります。

今まで書いてきたことを、なぜ企業はわかっていながら遂行できないのでしょうか。これは財務的にお金がないこととは違います。メンタルヘルスケアのための予算、という明確な枠組みがないのです。なぜならば、あまりにも新しい分野であるため、どのように上層部に向けた資料を作ったらよいかわからない人事部門が多いからなのです。

メンタルヘルスケアは、一つの角度から見ても成功しません。
多角的なアプローチがあってこそ、成功するのです。

4 社会保険労務士の視点から
～万全な就業規則の作成と良好な職場環境の必要性～

　わが国では、年間自殺者が3万人を超すという異常な事態がもう10年以上も続いています。この10年で30万人の都市一つが消滅したことになります。この事態の原因には、職場における「うつ病」の広がりがあります。つまり、職場におけるメンタルヘルスの重要性がいわれることになった背景の一つがここにあります。このうつ病などのメンタルヘルス不調者を抱える会社は、規模問わず見られますが、メンタルヘルス不調者が多くいるとなれば、会社の活力を損ないかねません。また、採用の段階でうつ病などに罹患している応募者をスクリーニングすることが困難であることも多く、社内でうつ病などの社員を発見したときに初めて、対処に困ることも多いようです。すなわち、多くの会社でその対策がまだ不十分であるように思われます。

　この場合、社員がうつ病になったときの対処として、ルールの整備（就業規則等の整備）と、社員がうつ病にならないための職場環境の整備、労務管理のあり方（たとえば、長時間労働を是とする企業風土の反省等）に分けて対策を考えることが大事です。

　古い就業規則には、うつ病などのメンタルヘルス不調者に対応していない規程が多く見られます。また、知識や経験なしに不備な就業規則を作成することは、労働契約法が制定され、就業規則が労働契約の一部となっている現在において大変危険です。つまり、穴だらけの就業規則で運用しなければいけなくなるのです。

　たとえば、わが国では、解雇は軽はずみにできないため、求められる労務の提供が不十分な社員をいつまでも雇用しておくことになります。また、勤務が難しい状態にもかかわらず、休職させずに、無理して出勤させていることは、企業においても大きなリスクを抱えることになります。そして、万が一、自殺などの最悪の状況を招いた場合は、会社の安全配慮義務違反を問われ、高額な損害賠償を請求されることで経営も危ぶまれる状況になりかねません。また、メンタルヘルス不調者が職場にいることで仕事が滞り、職場に混乱をきたし職場全体のパフォーマンスが下がったり、第二のメンタルヘルス不調者を誘引したりすることもあります。

第2章　各専門家の視点から

　このような、メンタルヘルス不調者を企業内に抱えることで起こるさまざまな問題は、休職時や職場復帰時の対応も含め、就業規則にきちんと規定することで、トラブルを生じさせないように対処することが可能になります。詳しくは、第6章でさまざまな専門家の多くの経験と最新の判例に基づいたモデル休職規程を掲載しています。

　次に、職場環境の問題でいえば、職場における「うつ病」の背景の一つに、わが国特有といわれる長時間労働の問題があります。労働時間を正確に記録することを義務づけてはいるものの、サービス残業はわが国の場合、よくある慣行です。総務省の「社会生活基本調査」によると、1日の生活サイクルの中で、労働者が1日4時間程度の時間外労働を行った場合、1日6時間程度の睡眠になります。これを1ヶ月継続した状態はおおむね80時間を超える時間外労働に発展し、労災の過労死の判断基準とつながってきます。つまり、それ以上の残業をすると睡眠時間も減っていき、リスクも高くなってきます。また、この長時間労働が常態化すると、「過労死」、そして、この長時間労働に、仕事のプレッシャーやハラスメントあるいは職場の人間関係等のストレスが加わると「うつ病」へと発展する可能性も格段に高くなります。特にIT化は、かえって長時間労働を常態化させたばかりか、社内のコミュニケーション不足を生んでいるとの指摘もあります。無駄な長時間労働になっていないか、職場環境を見直すことが大事でしょう。そして管理職は、迅速に対応できるよう、普段から社員の様子には気を配り、変化に気づくことも重要です。また、うつ病などを出さない職場環境に整えていくことも、職場環境配慮義務上、大切な責務の一つです。

　ところで、日本は未だ、長時間労働が恒常化した中で、労働生産性はどうかというと、OECD諸国でも下位、主要先進7カ国の中では、最下位です。ただ、最近では、「仕事と生活の調和が実現した社会」をめざすという政府の方針から、「ワークライフバランス」に注目する会社も散見されるようになりました。先ほどの話と逆ですが、IT化の中で、労務管理のあり方を見直し、労働時間の短縮、業務効率の向上を成し遂げている企業も生まれています。

　メンタルヘルス不調者対策として、専門家の今日的知見に学びつつ、その状況に対応した就業規則の整備と職場環境や労務管理の見直しをすることが、今、企業に求められています。

5 弁護士の視点から〜早め早めの対応で証拠確保を〜

　うつ病社員関係で弁護士の出番が来るのは、たいていは裁判や労働審判などの法的紛争になってからです。もっと早い時期からアドバイスできれば良いのですが、頼まれてからでは対応のしようがない点が多く、残念に思うばかりです。弁護士の視点からのアドバイス・ポイントは、次の3点です。
　①　労働事件は、基本的に疑わしきは労働者の利益に解するということになっています。経営者側が圧倒的に不利なのだと覚悟して下さい。
　②　裁判は証拠で決まります。トラブルになる前の段階から休職時、復職時等、節目節目で万一に備えた証拠の確保が必要です。
　③　トラブルになってからでは不利な戦いを強いられます。できれば平時から、間接的にでも弁護士のアドバイスを求めてもらいたいものです。

(1) 労働者が圧倒的に有利な労働事件

　裁判においては、すべて証拠によって事実が認定され、その結果として判決が下されます。証拠には書証と人証（原告や被告の本人尋問や証人の証人尋問での証言）がありますが、何と言っても客観的な書類等の書証で事実認定の大枠は決まります。
　原告側、被告側とも証拠が足りない場合、労働事件では、基本的に、労働者に不利な事実は雇用主側が明確に立証しない限り認定されないことになっています。ですから、雇用主側が何らかの主張をしても、真実がよく分からない場面では労働者が勝つことになっているのです。これは裁判以外の労働審判などの法的手続きでもほぼ同様と考えて下さい。
　たとえば、タイム・レコーダーを備えず、出勤退勤簿等も置かないで、就業時間を管理していない会社が未払残業代請求の裁判を起こされた場合、労働者側が手帳のメモ等を証拠として何千時間の残業を強いられたと主張すると、会社側がこれを否定するのは非常に困難です。仕事が終わった後、職場でだべっていた時間まで含まれているというような反論も、よほどしっかりした証拠が挙げられない限りは通用しないのです。
　更には、労働者が解雇無効を主張して地位保全の仮処分（労働者たる地位を失っていないから解雇通告を受けた後の給料も支払え、職場に復帰させろ、という

要求です）を起こした場合など、証拠上は、労働者側の主張に理由がないと思われる事案でも、裁判所は雇用主側に譲歩を求め、せめてなにがしかの和解金を払うようにと強く指導することがしばしばです。

　労働法制は、社会的弱者である労働者を雇用主の横暴から守る、という基本思想で作られていますから、あらゆる場面で労働者側が有利に扱われるのです。零細事業主の方がずっと弱者だとぼやきたくもなりますが、この現実を認識しなければ始まりません。労働事件に持ち込まれないよう、万一持ち込まれても負けないよう、日常的な備えが必要です。

（2）トラブル発生前から証拠確保を

　（1）で述べたとおり、法的紛争は証拠で決せられますから、日頃から、何かの場合に備えて証拠を確保しておくことが何よりも大切な心構えです。

　たとえば、勤務態度不良で何回注意しても改まらない従業員を懲戒解雇にした場合、従業員から労働審判や地位保全の仮処分を申し立てられてあわてる会社があります。勤務態度不良という証拠は確保されているでしょうか。何回も注意したという証拠はあるでしょうか。トラブルになってから後悔しても手遅れです。いつ、誰が、どういう理由で、どのような注意をしたか、一々紙の記録を残しておく態度が望まれます。

　うつ病社員の場合、会社のせいでうつ病になったと言われるリスクが重大ですから、変だなというサインが見られたら、直ちに産業医の面談を組むとか、長時間残業や職場環境の問題点がないか検討し、改善すべき点があれば改善する、これらの措置を執るだけでなく、それを必ず記録に残します。本人に何らかの指導等をした場合には本人のサインを取るようにします。休職命令を出す場合、復職に関する決定を行う場合、すべて同様の心構えが必要です。

　うつ病社員に適切な対応をする、というだけでなく、その対応を記録し、将来の証拠になるよう確保しておかなければなりません。証拠に残さなかった事実はなかったものと判断されても止むを得ないのだと心して下さい。

（3）平時から弁護士等専門家のアドバイスを受ける体制を

　弁護士は、裁判とか労働審判とかの法的紛争が起きてから頼むもの、という意識がまだまだ一般的なようですが、どんなに腕の良い弁護士でも、証拠上不利な事件を頼まれて良い結果を出すのは至難の業です。法的紛争は証拠で決ま

るのですから、早い段階から、証拠の確保等の心構えをしておかないと不利な戦いを強いられます。

　弁護士も、紛争になってから関与するより、平時のアドバイスによって紛争を未然に防ぐ、いわゆる「予防法務」に力を入れる者が増えてきました。と言っても、小規模な会社では、まだまだ弁護士事務所の敷居は高く感じられるかもしれません。そういう会社では、顧問の社会保険労務士を介して、必要なときには弁護士のアドバイスを受けられるようにしておくことが望まれます。

　うつ病社員対応のリスクは重大です。平時からの対応によってリスクに備える全社的体制を構築して下さい。

第3章 平常時に企業に求められるうつ病対策

1 企業が整備しておくべきうつ病対策

(1) 企業が負う法的義務と日常的なうつ病対策の必要性

　労働契約が人間の労働力を給付の対象とする継続的な契約である以上、企業は労働者に対して、労働者の安全や健康に配慮すべき信義則上の義務（「健康配慮義務」などといわれることもありますが、本書では「安全配慮義務」といいます）を負うとされています（労契法5条）。

　安全配慮義務の具体的な中身は事業内容や職務内容等によって異なりますが、大まかに言えば「労働者の安全や健康を守り、労働者が充分な労務提供をすることができるような環境を整える」ということになります。すなわち、企業は普段から労働者の安全や健康に注意し、毎日元気に仕事ができるよう配慮すべきであり、そうすることにより、うつ病の発症そのものを予防すべきなのです。

　具体的には、労働基準法や労働安全衛生法等において定められている使用者の義務（健康診断実施義務等）をきちんと履行していくほか、長時間労働をさせない、パワハラの訴えがあった場合には放置せず適切な対処をするといったことも重要になります。

　常日頃からこうした対策を講じておくべき理由は、実は、うつ病発生予防のためだけではありません。うつ病を発症した労働者あるいはその遺族等から、会社が損害賠償等を請求された場合、会社が責任を負う根拠となるのがこの「安全配慮義務違反」なのです。すなわち、会社が安全配慮義務を尽くしていなかったと認定されれば、会社は巨額の損害賠償債務を負うリスクがあります。さらに、うつ病労働者が自殺したようなケースでは、損害賠償金の額は数億円以上にも上る場合があり、会社の存亡にも関わってきてしまいます。

第3章　平常時に企業に求められるうつ病対策

しかし、平素から会社がきちんと体制を整え、それに則った適切な対応をしてきており、会社に安全配慮義務違反はないと認められれば、巨額の損害賠償責任を免れることが可能になります。すなわち、普段からうつ病対策を立ててこれにしたがった対応を実施することは、うつ病発生の予防のために必要であるだけでなく、うつ病発生後における会社のリスクを低減させるためにも、非常に重要な意味があるのです。

本章では、このような観点から、平常時において企業に求められるうつ病対策について記述します。

(2) 労働安全衛生法上の義務

うつ病は、日常的な環境要因が大きな原因となって発症する場合があります。

一般的な経験則上、労働者が長時間労働を繰り返していれば、疲労や心理的負担などが大きくなり、心身の健康に影響を及ぼすことは、だれもが知っていることです。

そこで、職場環境をコントロールする企業としても、うつ病対策が必要であり、重要なものになってきます。このような見地から企業に負わされている法的義務として、総括安全衛生管理者等の選任や産業医の選任、定期健康診断実施、長時間労働者に対する面接指導等の労働安全衛生法上の義務があります（詳細は「2　平常時に行うべきうつ病対策の具体例」の項を参照して下さい）。

(3) 使用者の安全配慮義務

前述の労働安全衛生法上の義務のほかに、労働契約法5条は、「使用者は労働契約に伴い、労働者がその生命・身体等の安全を確保しつつ、労働することができるよう、必要な配慮をするものとする」と定めています。この規定は、「使用者は、その雇用する労働者に従事させる業務を定めてこれを管理するに際し、業務の遂行に伴う疲労や心理的負担等が過度に蓄積して労働者の心身の健康を損なうことがないよう注意する義務を負う」と判示した最高裁判例（最高裁平成12年3月24日判決・判時1707号87頁）やその後の裁判例の流れを踏まえて、使用者の安全配慮義務を明文化したものです。

この安全配慮義務と前述の労働安全衛生法上の義務の関係ですが、安全配慮義務は使用者が個々の労働者に対して負う民事上の義務であるのに対し、労働安全衛生法上の義務は公法上の義務であるという違いがあります。すなわち、

使用者が公法上の義務である労働安全衛生法上の義務に違反したからといって、それが直ちに民事上の義務である安全配慮義務違反となるわけではありません。しかしながら、労働安全衛生法は、労働者の安全と健康を確保するとともに快適な職場環境の形成を促進するために規定されていますので、同法上の義務の多くが民事上の安全配慮義務と重なるでしょう。もっとも、過重労働以外の職場環境がうつ病の発症の原因となった場合等、労働安全衛生法違反にならない場合でも民事上の安全配慮義務違反として損害賠償責任を問われるケースは大変多くあります。企業としては、公法上の義務である労働安全衛生法を遵守すると共に、それに加えて民事上の安全配慮義務を果たすべく、平素からうつ病対策をしっかり行っておく必要があるのです。

（4）うつ病対策の留意事項と専門家との連携の必要性

　うつ病患者は、そうでない人と比較して自殺を図ることが多いこともあり、他の疾患の場合よりも労働者の健康状態を把握・管理する重要性が高いといえます。自殺は、うつ病のみならず、多様かつ複合的な原因によって、引き起こされるため、企業は、事業主として労働者の心の健康の保持をはかるために、必要な措置をとるよう努めることが求められています。（自殺対策基本法5条）

　しかしながら、うつ病は人間の内面の精神疾患であることから、平常時と罹患時の区別は一見して判断できるものではなく、医療の専門家と連携して、より慎重に平時より対策を行うことが強く求められます。また、自殺の防止の観点からも、うつ病に限らず、企業は事業主として、国や地方公共団体、医療機関などの専門家と相互密接に連携をとることが法的にも求められます。（同法第2条4項）

2 平常時に行うべきうつ病対策の具体例

　企業が平常時から取り組むべきうつ病対策は、次の図に示すように、法令で定められているかもしくは最低限ベースとして必要となる社内の「Ⅰ　制度・体制づくり」、定期的かつ継続的に行うべき「Ⅱ　定期的な対策」、さらに、必要に応じて随時行うべき「Ⅲ　日常的な対策」の3つに区分して検討していくとよいでしょう。

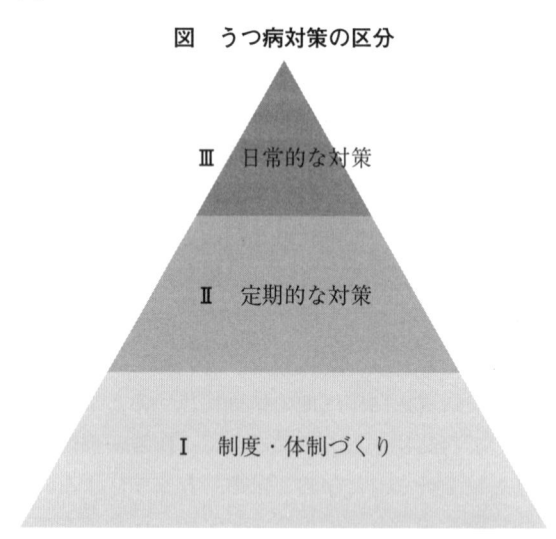

図　うつ病対策の区分

（ピラミッド図：上から Ⅲ 日常的な対策／Ⅱ 定期的な対策／Ⅰ 制度・体制づくり）

◆ Ⅰ　制度・体制づくり

（1）就業規則の整備

　就業規則は、労働者を常時10人以上雇用する会社に、作成及び届け出の義務があります。この就業規則には、うつ病等で充分な労務提供が不能の状態になった労働者が一定期間休職することができる（あるいは休職させることができる）旨の休職規定や、休職後労務提供が再び可能になった際に、休職から復帰することができる旨の復職規定を盛り込んでおくことが重要です。

　うつ病をはじめとする精神疾患においては、労務提供不能となった時点ではどの程度の期間で復職可能か、また、復職の時点では労務提供が可能な状態ま

で回復したか否かといった判断を迫られますが、こうした判断は専門家でさえ難しいといわれています。したがって、こうした節目ごとの判断は、必ず専門の医師の診断書等に基づいて行う必要があります。特に、うつ病等の精神疾患においては、対象従業員が心療内科や精神科といった専門の医師にかかっているとはかぎらないため、可能な限り、会社の業務内容等を把握している産業医などの専門医に復職可能性について意見をもらうべきです。

　休職期間満了時までに病状が改善せず、職場復帰が困難な場合には、会社としては再度の休職を付与する余裕もなく、やむなく退職してもらう必要がある場合もあります。このような場合を想定して、休職期間満了時に復職できない場合の自動退職規定等を就業規則に盛り込んでおかないと、後日トラブルに発展することがあります。また、債務の本旨に従った労務の提供が不能になった時点で、休職期間内の回復が見込めないと明らかに判断される場合など、解雇やむなしという場合もありますが、このような場合を念頭においた解雇事由（「業務外の傷病等により労務に服することができないとき」など）をあらかじめ定めておくことも必要です。

　また、うつ病の社員が復職と休職を繰り返すような場合に備えて、復職時の会社指定医受診義務の規定や休職期間通算の規定も必要となります。

　こうした規定をしていないと、どのようなトラブルが起こるでしょうか。次の事例をご参照ください。

〈トラブル1〉復職できないまま休職を続け、退職にも応じない社員

　うつ状態であり3か月間の休職が必要だが、回復の見込みがあるという診断書が提出され休職した。3か月後、健康状態が回復せず、その後1年経過しても職場復帰の見込みが立たない状態だが、就業規則に休職期間の定めや休職期間満了時の取扱いに関する規定がなく、職場復帰も解雇もできずに、時間だけが経過してしまった。当該社員の業務を引き継ぐ正規の社員も採用できず、業務のシワ寄せが他の社員におよび、不満が溜まってしまうなど、職場では二次的な問題も発生している。

　就業規則に設けるべき規定

　⇒休職期間の上限を規定します。また、就業規則の退職規定や解雇に関する規定において、「休職期間満了時にその休職事由が解消されないとき」といった退職事由または解雇事由の規定が必要です。

第3章　平常時に企業に求められるうつ病対策

> 〈トラブル2〉**休職の勧めを拒絶する社員**
> 　うつ病と疑われる異常な行動や体調の不良が認められる従業員に対し、医師への受診と休職の勧めをしても、「私は、健康で病気ではないから、休職はしない。」、または、「私が休むと他の同僚に迷惑がかかるから休職はできないし、一度休職したら復帰できなくなってしまうので、絶対に休職はしない。」といって休職することを拒み続ける。このような社員に対して、会社が必要と認めた場合の医師への受診義務の規定がなく、受診させることができないまま、症状が悪化してしまった。
> 　就業規則に設けるべき規定
> 　⇒会社が必要と認める場合には、医師の受診を指示することができる旨の規定、及び、医師の診断書に基づき、会社が休職命令を出すことができる規定が必要です。

> 〈トラブル3〉**休職と復職を繰り返す社員**
> 　うつ病により休職していた社員が、1年間の休職期間満了間際になり、職場復帰可能である旨の医師の診断書とともに職場復帰を願い出てきたので、体調を考慮し、休職前の職場より軽微な業務につけた。2か月ほど過ぎたある日、身体の不調を訴えて休職届を提出してきたので、再度休職させることとなった。2回目の休職も1年を迎えようとした時期に、職場復帰可能である旨の医師の診断書とともに職場復帰願が提出された。結局、このようなことを繰り返し、うつ病を発症してから7年経過してもなお在籍しながら、休職と復帰を繰り返している。
> 　就業規則に設けるべき規定
> 　⇒休職した社員が、復職後一定期間内に同一の事由で再度休職した場合における休職期間の通算に関する規定が必要です。

　では、就業規則を作成する際、具体的にはどのような規定を設ければよいのでしょうか。具体的な規定例と考え方については、**第6章**のモデル休職規程と逐条解説をご参照ください。ただし、本書掲載の規定例のままでは各企業に合った適切な対応ができない場合がありますので、実際の規定を作成する際には、各企業の実態や経営方針に即した規定を作成することが必要です。
　なお、就業規則の整備は、実際にトラブルが発生してからでは間に合いません。トラブルが発生していない平常時にこそ、就業規則の規定を見直し、整備しておくことが何よりも重要です。

(2) 健康診断の実施

　労働安全衛生法では、事業者は、労働者の一般的な健康状態を調べる一般健康診断と、有害業務に従事する労働者等に対して有害業務に起因する健康障害の状況を調べる特殊健康診断を実施しなければならないという義務があります。これらの健康診断は、事業者の責任において、法令に基づく項目及び実施方法によって医師が行うものでなければなりません。

　一般健康診断には対象者やその実施時期により下記の健康診断があり、事業者は対象従業員が在籍する場合には、すべての健康診断を実施する必要があります。

① 雇入れ時の健康診断	常時使用する労働者を雇い入れる際、当該労働者の雇入日から3か月以内に実施
② 定期健康診断	常時使用する労働者に対し、1年以内ごとに1回実施
③ 特殊業務従事者の健康診断	深夜業、坑内労働などの特定業務に従事している労働者に対して実施

　ところで、健康診断の実施は事業者の義務ですから、その費用については会社が負担する必要があります。

　健康診断の受診時間に対応する賃金については、支払義務まではないとされますが、支払うことが望ましいと考えられます。つまり賃金を支払わなくても違法ではありませんが、運用上、企業の実施義務を果たすため、また、より多くの従業員に受診させる目的で、定期健康診断の受診時間も労働時間として賃金を支払っている場合が多いといえます（ただし③の特殊健康診断の受診時間については、その実施に要する時間は労働時間と解されるため、賃金支払義務がありますので注意が必要です。厚生労働省　昭和47.9.18　基発602号）。

　いずれの健康診断についても、各企業に対し実施義務が課されているのみならず、有所見者（健康診断を受診した労働者のうち異常の所見のある者）に対して必要な措置について医師に意見を聴く必要があります。また、その医師の意見を勘案し、必要と認めるときは、その労働者の実情を考慮して、作業転換や作業負担の軽減等の事後措置を講じなければなりません。さらに、特に健康保持に努める必要があると認める者に対し、保健師による保健指導を行うように努

めなければならないとされています。

　こうした健康診断等を行わなかったためにうつ病の兆候を見逃し、その結果、労働者が無理な業務を継続するなどしてうつ病による休職にまで至ったような場合には、使用者が安全配慮義務違反の責任を問われてもいたしかたないでしょう。健康診断等は、単に「義務だから実施する」というスタンスで実施するのではなく、労働者の変調の兆しを早期に発見し、適切な対応をするためのまたとない機会であると捉えて、積極的に活用していくべきです。

　なお、定期健康診断の義務的診断項目において、現時点では、メンタルヘルスに関する項目は問診も含めて明示されていませんが、厚生労働省は、平成22年、定期健康診断の診断項目にメンタルヘルス疾患把握のための項目を盛り込む方針をいったん示しました。最終的にこの項目追加は見送られましたが、厚生労働省では引き続き、労働者のプライバシーに配慮しつつ、一般定期健康診断の実施にあわせて、ストレスに関連する労働者の症状・不調を医師が確認することなどを検討しています。

　先進的な企業では、一般健康診断の実施にあわせてストレス調査を行い、「当該労働者のみに調査の結果を通知して個人の健康管理に役立たせる」、「うつ病リスクの高い労働者に対して産業医等の専門家による面談を行う」、「事業者に対して、当該事業場全体の状況および職場環境の改善方法を示す」、「産業医等の産業保健スタッフによる面談、医療機関への受診勧奨等、必要な指導等を実施する」というような取組みが行われています。しかしながら、こうしたストレス調査は労働者のプライバシーを侵害する危険もありますから、あくまでも、調査を行うことに同意した労働者についてのみ実施し、事業者は個人の情報を直接入手できない仕組みとするなど運用上の工夫がなされているようです。

　今後、各企業においても、一般健康診断等の法定の健康診断を利用したメンタルヘルス対策を検討することが重要な課題となってくるでしょう。

(3) 産業医の選任とその職務

　一定規模以上の事業場は、社員の健康管理等を行うために、一定の要件を有する医師のうちから産業医を選任する必要があります。具体的には、業種にかかわらず常時使用する従業員が50人以上の事業場は、1人以上の産業医を選任しなければなりません。そのうち、事業場の規模が従業員3,000人を超える場

合には、2人以上の産業医選任が必要です。また、常時使用する従業員1,000人以上（特定業務〔有害な業務〕においては500人以上）の事業場では、産業医のうち少なくとも1人は専属（その事業場に所属していること）の産業医でなければなりません。

産業医を選任したときは、「産業医選任報告」を事業場を管轄する労働基準監督署に提出しなければなりません。

産業医は、労働者の健康障害の予防と心身の健康の保持増進、さらに快適な職場環境の形成に関する助言・指導などを主として、次のような職務を行います。

〈産業医の職務〉
① 健康診断及び面接指導等の実施並びにこれらの結果に基づく労働者の健康を保持するための措置に関すること
② 作業環境の維持管理に関すること
③ 作業の管理に関すること
④ 労働者の健康管理に関すること
⑤ 健康教育、健康相談その他労働者の健康保持増進を図るための措置に関すること
⑥ 労働衛生教育に関すること
⑦ 労働者の健康障害の原因調査及び再発防止のための措置に関すること

〈勧告等〉
　産業医は労働者の健康を確保するため必要があると認めるときは、事業者に対し、労働者の健康管理等について必要な勧告をすることができます。また、労働者の健康障害防止に関して、総括安全衛生管理者に対する勧告または衛生管理者に対する指導、助言をすることができます。

〈定期巡視〉
　少なくとも毎月1回以上作業場を巡視し、作業方法または衛生状態に有害のおそれがあるときは、直ちに、労働者の健康障害を防止するための必要な措置を講じなければなりません。

さて、産業医の選任は、資格を持つ医師の中から行うわけですが、企業の安

第3章　平常時に企業に求められるうつ病対策

全管理および健康管理を担う一員となってもらうためには誰でもよいというわけにはいきません。契約金額が安いからといった理由で選任するのではなく、どういった仕事をしてもらえるのかということを事前に確認した上で、きちんと職務を遂行し、企業と一体となって、安全管理や健康管理を考えてもらえる産業医を選任することが重要です。

また、産業医といっても、各人ごとに専門分野が異なります。企業の業種や従業員が罹患する可能性の高い傷病の内容等から、その予防及び発生時の対応に適した専門分野の医師を選任することが重要です。中でも、精神科や心療内科を専門とする産業医は登録人数自体少ないため、選任には十分な検討が必要となります。

さて、産業医を選任することの実際上の意義はどこにあるのでしょうか。

不調を訴える社員や不調のサインが見られた社員に対しては早期対応をする必要があり、こういった場面では、専門の産業医が重要な役割を果たします（不調の社員が現れてから産業医を探していると対応が遅れ、万が一の場合に企業が負うリスクは増大します）。特に、うつ病等の精神疾患の場合においては、休職させるべきか否か、どの程度の職務であれば遂行可能か、あるいは休職期間満了時に復職を認めてよいか否か、といった節目節目における判断が大変難しく、会社は精神科または心療内科等を専門とする産業医の意見を聴くことが必須となります。また、うつ病患者の主治医は会社の業態や職務内容を把握しておらず、患者の希望どおりに診断書を書く場合も多いため、その会社における充分な労務提供が可能かどうかについては、業務内容等を知悉している産業医による客観的な判断が必要不可欠です。したがって、うつ病対策としてはやはり精神科や心療内科を専門とする産業医を選任しておくべきですが、産業医として精神科医または心療内科を専門とする医師を選任できない場合であっても、企業の立場で診断をしてもらえる専門医とのネットワークづくりは、うつ病対策を行う上で、大変重要な意味を持つでしょう。

うつ病対策のための健康管理体制構築という観点からは、このような産業医の重要性に照らし、産業医の選任義務のない労働者数50人未満の事業所においても産業医を選任することが望ましいと考えられますが、コストの面等で選任が困難である場合には、グループ企業や関連会社などの2つ以上の企業で1人の産業医を選任する共同選任という方法もあります。小規模企業にはぜひ検討していただきたい方法です。

〈産業医と臨床医の違い（参考）〉

	産業医	開業医・勤務医（臨床医）
働く場所	企業病院	クリニック
診療する相手	健康な人・患者	患者
業務内容	社員からの相談業務や、企業へのアドバイス	患者を治療すること
拠り所とする法律	労働安全衛生法・労働契約法など	医師法・医療法など
診断のポイント	企業の業務内容に応じた就労判定	患者の病状、治療状況
誰の立場か	企業と従業員に公平に	患者本人
雇用主	企業に雇われる	病院に雇われている（もしくは自営）
会社への勧告権	あり	なし

（出典：メンタルヘルス担当者になったら読む本　㈱プラネット・コンサルティング（一部改編））

なお、産業医共同選任助成金制度は22年度末をもって終了しました（新規事業登録は平成22年12月28日をもって受付終了）。

（4）衛生管理者（安全衛生管理者）・衛生推進者（安全衛生推進者）の選任とその職務

業種にかかわらず、常時使用する従業員が50人以上の事業場は、1人以上の衛生管理者を選任しなければなりません。人数規模によってその選任しなければならない衛生管理者の人数は異なります。また、常時1,000人（有害業務等に常時30人以上従事する場合は500人）を超える従業員を使用する事業場は衛生管理者のうち少なくとも1人は専任の衛生管理者としなければなりません。

衛生管理者は、選任すべき事由が発生した日から14日以内に選任することが必要で、事業所の管轄する労働基準監督署に届け出て「衛生管理者選任報告」をしなければなりません。

衛生管理者の選任義務のない事業所のうち、常時使用する従業員が10人以上の事業場では、衛生推進者（または安全衛生推進者）の選任をしなければなりません。安全衛生推進者を選任したときは、事業場内の見やすい箇所に推進者の氏名を提示する等により周知する必要があります（安衛則第12条の4）。

衛生管理者として選任できる資格要件は、事業上の業種により異なりますが

第3章　平常時に企業に求められるうつ病対策

(安衛則第7条、第10条)、これをまとめると次の表のとおりになります。

業　　種	免許等保有者
農林蓄水産業、鉱業、建設業、製造業(物の加工を含む。)、電気業、ガス業、水道業、熱供給業、運送業、自動車整備業、機械修理業、医療業及び清掃業	第一種衛生管理者免許を有する者、衛生工学衛生管理者免許を有する者、医師、歯科医師、労働衛生コンサルタントなど
その他の業種	上記のほか、第二種衛生管理者免許を有する者

※免許を受けることができる者
　○衛生管理者(第一種・第二種)
　　衛生管理者免許試験(第一種・第二種)に合格した者、保健師、薬剤師など
　○衛生工学衛生管理者
　　大学または高等専門学校において、工学または理学に関する課程を修めて卒業した者等で、一定の講習を修了した者など

衛生管理者・衛生推進者は、次のような職務を行います。

〈衛生管理者の職務〉
① 健康に異常のある者の発見及び必要な措置
② 作業環境の衛生上の調査
③ 作業条件、施設等の衛生上の改善
④ 労働衛生保護具、救急用具等の点検及び整備
⑤ 労働衛生教育、健康相談その他労働者の健康保持に必要な事項
⑥ 労働者の負傷及び疾病、それによる死亡、欠勤及び異動に関する統計の作成
⑦ 衛生日誌の記載等職務上の記録の整備など

〈定期巡視〉
　上記に加えて、少なくとも毎週1回作業場等を巡視し、設備、作業方法または衛生状態に有害の恐れがあるときは、直ちに、労働者の健康障害を防止するため必要な措置を講じなければなりません。

> 〈衛生推進者（安全衛生推進者）の職務〉
> ① 労働者の危険又は健康障害を防止するための措置に関すること
> ② 労働者の安全又は衛生のための教育の実施に関すること
> ③ 健康診断の実施その他健康の保持増進のための措置に関すること
> ④ 労働災害の原因の調査及び再発防止対策に関すること
> ⑤ その他労働災害を防止するために必要な業務
> 　　※衛生推進者にあっては、上記の職務のうち衛生にかかる事項
> 　　※衛生推進者には、定期巡視の義務はありません。

　衛生管理者や衛生推進者は、その職務内容からもわかるとおり、労働者の健康状態に気を配り、異常を発見して対策を立てたり、事業所内における健康保持の啓蒙を行ったりすべき立場にあります。したがって、衛生管理者や衛生推進者を単に選任するだけでなく、後述する衛生委員会との協働の下、うつ病従業員が発生しないよう予防したり、あるいはうつ病の兆候を早期に発見して対策を立てたりするために有効に活用すべきです。

（5）衛生委員会（安全衛生委員会）の設置と定期的な開催

　衛生委員会とは、労働者の健康障害の防止のため調査審議するもので、一定の要件を満たす企業に設置が義務付けられており、毎月1回定期的に開催しなければなりません。具体的には、業種にかかわらず、50人以上の事業場では、衛生委員会を設置しなければなりません（企業単位ではなく、事業場単位で設置する義務があります）。

　衛生委員会の構成員は次のとおりです。

> 〈衛生委員会の必須構成員〉
> ① 総括安全衛生管理者または事業の実施を統括管理する者、もしくはこれに準ずる者で事業者が指名した者（＝議長）
> ② 衛生管理者のうちから事業者が指名した者
> ③ 産業医のうちから事業者が指名した者
> ④ 事業場の労働者で衛生に関し経験を有する者のうちから事業者が指名した者
> 　　※上記①以外の委員の半数は、労働者の代表者の推薦に基づくことが

第3章 平常時に企業に求められるうつ病対策

必要です。

　衛生委員会では、事業場における衛生管理の基本的活動、実施に関わる内容について調査審議されることとなっていますが、衛生委員会の付議事項として「労働者の精神的健康の保持増進を図るための対策の樹立に関すること」が規定されており（安衛則第22条）、後記「Ⅲ　日常的な対策」のところで述べる「心の健康づくり計画の策定」はもとより、その実施体制の整備等の具体的な実施方策や個人情報の保護に関する規程の策定等にあたっては、衛生委員会において充分に調査審議を行うことが必要です。
　なお、衛生委員会における調査審議事項は次のとおりです。

〈衛生委員会の調査審議事項〉
① 労働者の健康障害を防止するための基本となるべき対策に関すること
② 労働者の健康保持増進を図るための基本となるべき対策に関すること
③ 労働災害の原因及び再発防止対策で、衛生にかかわるものに関すること
④ その他労働者の健康障害の防止及び健康の保持増進に関する重要事項
　Ⅰ　衛生に関する規程の作成に関すること
　Ⅱ　法28条の2第1項の危険性・有害性等の調査及びその結果に基づいて講ずる措置のうち、衛生に係るものに関すること
　Ⅲ　安全衛生に関する計画（衛生に係る部分に限る）の作成、実施、評価、及び改善に関すること
　Ⅳ　衛生教育の実施計画の作成に関すること
　Ⅴ　法第57条の3第1項及び第57条の4第1項の規定の樹立に関すること
　Ⅵ　作業環境測定結果及びその結果の評価に基づく対策の樹立に関すること
　Ⅶ　健康診断の結果及び健康診断の結果に対する対策の樹立に関すること
　Ⅷ　労働者の健康の保持増進を図るための実施計画の作成に関わること
　Ⅸ　長時間労働による労働者の健康障害の防止を図るための対策の樹立に関すること
　Ⅹ　労働者の精神的健康の保持増進を図るための対策の樹立に関すること
　Ⅺ　労働基準監督官、労働衛生専門官等から勧告・指導等を受けた事項のうち労働者の健康障害防止に関すること

(6) 相談窓口（外部も含む）の設置

① メンタルヘルスに関する社内相談窓口の設置

不調の原因が上司にある場合やメンタルヘルスに対する理解が低い上司を持つ部下の場合など、直接上司には相談できない状況が想定されるため、仕事上のラインとは別にメンタルヘルスに関する社内相談窓口を設置することは効果的です。

設置の際には、メンタルヘルス不調を訴える社員が、組織的にも物理的にも、上司や同僚に知られることなく相談できる環境をつくることが重要で、窓口となる部署や担当者には、信頼できる人物であって、性別・ポジションの異なる複数の担当者がいることが望ましいといえます。

② 社外の専門家による相談窓口の設置

プライベートの問題が不調の原因であるなど社内の人には相談しづらい場合や、直接専門家にアドバイスを受けたい場合がありうることを想定して、社外の専門家による相談窓口を設置することも有効です。

労働者が適切な知識を有していない場合などには、精神疾患に罹患したことが会社に知られただけで、もしくは、精神疾患と疑われる不調を訴えただけで、将来の出世やキャリアに大きな影響が出てしまうのではないかという不安が先にたって、社内の人に相談できないままというケースが少なくありません。プライバシーに配慮しつつ、社員が気軽に活用しやすいように工夫して相談窓口を設置している事例もあります。

たとえば、社内イントラネットを活用したウェブ上の相談窓口の設置や、産業医や臨床心理士等へのメールによる相談体制の構築は、社員一人ひとりが活用しやすい環境づくりといえます。

③ 労働者の家族に対する相談窓口の設置

うつ病などの精神疾患は、その病気の特性上、本人が気づくよりも先に、身近にいる家族により発見されることが少なくありません。また、本人からの相談を待っているだけでは対処が遅れてしまうこともあります。そういった場合に備えて、労働者の家族を対象にして、ストレスやメンタルヘルス対策の基礎知識を提供するとともに相談窓口を設置することは、より幅の広い支援となり、うつ病等の早期発見につながるものと考えられます。

④ 相談窓口設置機関の案内

一般的に、中小規模の企業においては、社内メンタルヘルス活動の実施レベ

ルは大企業に比べて低いといわれています。これは、コストを含め経営面の条件がととのわないことが多い上、離職者や中途採用者が多いこと、職場定着率が低いこと、メンタルヘルス不調者への適正な配置が困難であることなどが理由として挙げられます。しかしながら、そのネガティブな要素を補う意味で、以下の各機関における相談業務が拡充されてきております。これらの相談窓口の連絡先をリストアップして労働者に周知しておくなど、これらを活用することは、中小企業のメンタルヘルス対策として有効な手段といえます。

〈相談窓口設置機関〉
① 各都道府県の産業保健推進センター
② 地域産業保健センター
③ 労災病院勤労者メンタルヘルスセンター
④ 精神保健福祉センター
⑤ 中央労働災害防止協会
⑥ 労働者健康保持増進サービス機関等

◆ Ⅱ　定期的な対策

（1）うつ病対策の研修の実施

　前記「Ⅰ　制度・体制づくり」で述べた体制を構築したら、これを最大限に活用して「活きた制度」にするために、労働者や管理職自身のうつ病に関する認識を深めるための研修を定期的に行うことが重要になります。
　① 入社時研修、定期研修、管理職研修
　メンタルヘルス対策を適切に実施するためには、それぞれの職務や時期に応じたメンタルヘルス対策の推進に関する教育研修および情報の提供を行う必要があります。また、この教育研修や情報提供が円滑かつ有効に実施されるように、社内に教育研修担当者を育成していくことも有効でしょう。
　② 新入社員への教育研修および情報提供
　事業者は、新たに雇用する社員に対して、社会人としての心身の健康管理について、メンタルヘルス不調の基礎知識、ストレス対処などに関する教育研修を行い、健康相談室等社内外の相談窓口の紹介をするなどの情報提供を行うとよいでしょう。

2 平常時に行うべきうつ病対策の具体例

③ 一般従業員への教育研修および情報提供

事業者は、セルフケアを促進するため、管理監督者(「上司その他労働者を指揮命令する者」をいいます。本章において以下同じ)を含む全ての労働者に対して、次に掲げる項目等を内容とする教育研修、情報提供を行うことが推奨されます。

---

① メンタルヘルス対策に関する会社の方針
② ストレスおよびメンタルヘルス対策に関する基礎知識
③ セルフケアの重要性および心の健康問題に対する正しい態度
④ ストレスへの気づき方
⑤ ストレスの予防、軽減およびストレスへの対処の方法
⑥ 自発的な相談の有効性
⑦ 社内の相談窓口の連絡先および社外の相談窓口等に関する情報
⑧ 職場のメンタルヘルス対策、コミュニケーションスキル、職場の人間関係など

---

④ 管理職への教育研修および情報提供

事業者は、ラインによる対策を促進するため、管理監督者に対して、次に掲げる項目等を内容とする教育研修、情報提供を行うとよいでしょう。

---

① メンタルヘルス対策に関する会社の方針
② 職場でメンタルヘルス対策を行う意義
③ ストレスおよびメンタルヘルス対策に関する基礎知識
④ 管理監督者の役割および心の健康問題に対する正しい態度
⑤ 職場環境等の評価および改善の方法
⑥ 労働者からの相談対応(話の聴き方、情報提供および助言の方法)
⑦ 心の健康問題により休業した者の職場復帰支援の方法
⑧ 事業場内産業保健スタッフ等との連携およびこれを通じた事業場外資源との連携方法
⑨ セルフケアの方法
⑩ 事業場内の相談窓口の連絡先および社外の相談窓口等に関する情報
⑪ 健康情報を含む労働者の個人情報の保護等
⑫ 傾聴実習、メンタルヘルス対策の事例研究

⑤ 定期的なストレスチェックの実施

先進的な企業では、「不調のサインのチェックシート」等を利用して、部下全員について個人別に疲労蓄積度および職業性ストレスのチェックをしています。一人あたり数分でも、定期的に一人ひとりについて考える時間を作ることが予防と早期発見に効果があります。

⑥ 事業場内産業保健スタッフ等への教育研修および情報提供

事業者は、事業場内産業保健スタッフ等によるケアを促進するため、事業場内産業保健スタッフ等に対して、次に掲げる項目等を内容とする教育研修、情報提供を行うことが求められます。

---

① メンタルヘルス対策に関する事業場の方針
② 職場でメンタルヘルス対策を行う意義
③ ストレス及びメンタルヘルス対策に関する基礎知識
④ 事業場内産業保健スタッフ等の役割及び心の健康問題に対する正しい態度
⑤ 職場環境等の評価及び改善の方法
⑥ 労働者からの相談対応（話の聴き方、情報提供及び助言の方法等）
⑦ 職場復帰及び職場適応の支援、指導の方法
⑧ 事業場外資源との連携（ネットワークの形成）の方法
⑨ 教育研修の方法
⑩ 事業場外資源の紹介及び利用勧奨の方法
⑪ 事業場の心の健康づくり計画及び体制づくりの方法
⑫ セルフケアの方法
⑬ ラインによるケアの方法
⑭ 事業場内の相談先及び事業場外資源に関する情報
⑮ 健康情報を含む労働者の個人情報の保護等

---

⑦ その他の教育研修および情報提供

上記のほか、事業者は、衛生管理者、保健師、各事業場内産業保健スタッフ等に対して、その職務に応じて専門的な事項を含む教育研修、知識修得等の機会の提供をすることが望ましいでしょう。

また、規模の大きな企業で複数の担当者がいる場合には、社内での教育研修も可能ですが、中小企業では、担当者が1～2人であることがほとんどですか

ら、外部の専門家が行う研修等に定期的に参加することも良い方法と考えられます。

しかしながら、規模の小さな企業の場合は、そもそも、必要な事業場内産業保健スタッフが確保できない場合も多いものです。このような事業場では、事業者は、衛生推進者又は安全衛生推進者を事業場内メンタルヘルス推進担当者として選任するとともに、地域産業保健センター等の事業場外資源（事業場外でメンタルヘルスケアの支援を行う機関及び専門家をいいます）の提供する支援等を積極的に活用し取り組むことが望ましいでしょう。

◆ Ⅲ　日常的な対策

(1) 組織的な対策（防止対策・早期発見対策）

事業者は、その事業規模に応じて、選任された産業医、保健師、臨床心理士などの専門家、および衛生管理者、衛生推進者、人事担当者などの役割を明確化し、メンタルヘルス対策に関する組織づくりを行う必要があります。

また、各担当者の連携をどのようにとるかについても検討・決定し、周知しておくことが必要です。

① 心の健康づくり計画

メンタルヘルス対策は、中長期的視点に立って、継続的かつ計画的に行われるようにすることが重要であり、そのためには、組織づくりと同時にメンタルヘルス対策の計画についても検討し、中長期的の目標設定を行う必要があります。また、その推進にあたっては、事業者が労働者の意見を聴きつつ事業場の実態に即した取組みを行うことが必要です。

このため、事業者は、衛生委員会等において十分調査審議を行い、「心の健康づくり計画」を策定することが必要となります。「心の健康づくり計画」とは、事業場における労働者の心の健康の保持増進を図るため、事業者が行うことが望ましい基本的な措置（メンタルヘルスケア）の具体的実施方法を総合的に示した厚生労働省の指針に基づき、事業者が策定することを求められている計画です。心の健康づくり計画は、各事業場における労働安全衛生に関する計画の中に位置付けることが望ましいといえます。

メンタルヘルス対策を効果的に推進するためには、心の健康づくり計画の中で、事業者自らが事業場におけるメンタルヘルス対策を積極的に推進すること

を表明するとともに、その実施体制を確立する必要があります。心の健康づくり計画の実施においては、実施状況等を適切に評価し、評価結果に基づき必要な改善を行うことにより、メンタルヘルス対策の一層の充実・向上に努めることが望ましいといえます。心の健康づくり計画で定めるべき事項は次に掲げるとおりです。

〈心の健康づくり計画で定めるべき事項〉
① 事業者がメンタルヘルス対策を積極的に推進する旨の表明に関すること
② 事業場における心の健康づくりの体制の整備に関すること
③ 事業場における問題点の把握及びメンタルヘルス対策の実施に関すること
④ メンタルヘルス対策を行うために必要な人材の確保及び事業場外資源の活用に関すること
⑤ 労働者の健康情報の保護に関すること
⑥ 心の健康づくり計画の実施状況の評価及び計画の見直しに関すること
⑦ その他労働者の心の健康づくりに必要な措置に関すること

事業場の健康管理水準を継続的に向上させるためには、PDCA(Plan・Do・Check・Act＝計画・実施・評価・改善)サイクルを活用し、一度策定した心の健康づくり計画についても、現場での実施結果を踏まえて、衛生委員会等で評価を行い、計画の見直しをすることが必要です。

② 4つのメンタルヘルス対策の推進
厚生労働省の「労働者の心の健康の保持増進のための指針」(平成18.3.31基発0331001号)(以下、「心の健康指針」といいます)では、以下(ⅰ)～(ⅳ)の4つのケアにより心の健康づくりを進めていくことを主軸としています。各事業場でのメンタルヘルス対策においては、(ⅰ)労働者自身がストレスや心の健康について理解し、自らのストレスを予防、軽減し、あるいはこれに対処する「セルフケア」、(ⅱ)労働者と日常的に接する管理監督者が、心の健康に関して職場環境等の改善や労働者に対する相談対応を行う「ラインによるケア」、(ⅲ)事業場内の産業医などの事業場内産業保健スタッフ等が、事業場の心の健康づくり対策の提言を行うとともに、その推進を担い、また、労働者及び管理監督者を支援する「事業場内産業保健スタッフ等によるケア」及び(ⅳ)事業場外の機関及び専門家を活用し、その支援を受ける「事業場外資源による

ケア」の４つのケアが、継続的かつ計画的に行われることが重要です。

③ セルフケアの実施　〜ストレスへの気づきと対処〜

事業者は労働者に対して、次に示すセルフケアが行えるように支援することが重要とされています。また、一般の労働者についてのみならず管理監督者にとってもセルフケアは重要であり、事業者は管理監督者も対象に含めて次のようなセルフケア支援を行う必要があります。

---

① ストレスやメンタルヘルスに対する正しい理解
② ストレスへの気づき
③ ストレスへの対処

事業場の実態に応じて、労働者の相談に応ずる体制を整備するとともに、事業場外の相談機関の活用を図るなど、事業者は、労働者が自ら相談を受けられるよう必要な環境整備を行う必要があります。また、ストレスに関する調査票等を活用しセルフチェックを行うことができる機会を提供することも効果的でしょう。

④ ラインケアの実施　〜「いつもと違う」部下の把握と対応〜

管理監督者は、部下である労働者の状況を日常的に把握しており、また、個々の職場における具体的なストレス要因を把握し、その改善を図ることができる立場にあることから、職場環境等の把握と改善、および労働者からの相談対応を行うことが必要です。このため、事業者は、管理監督者に対して、「ラインによるケア」に関する教育研修、情報提供を行います。

なお、業務を一時的なプロジェクト体制で実施する等、通常のラインによるケアが困難な業務形態にある場合には、実務において指揮命令系統の上位にいる者等によりケアが行われる体制を構築するなど、ラインによるケアと同等のケアが確実に実施されるようにする必要があります。

⑤ 事業場内産業保健スタッフ等によるケアの実施

事業場内産業保健スタッフ等は、セルフケア及びラインによるケアが効果的に実施されるよう、労働者及び管理監督者に対する支援を行うとともに、心の健康づくり計画に基づく具体的なメンタルヘルス対策の実施に関する企画立案、メンタルヘルスに関する個人の健康情報の取扱い、事業場外資源とのネット

第3章　平常時に企業に求められるうつ病対策

ワークの形成やその窓口となること等、心の健康づくり計画の実施にあたり、中心的な役割を果たすものです。

このため、前述の「心の健康指針」では、事業者は、事業場内産業保健スタッフ等によるケアに関して、次の措置を講じるものとされています。

---

① 産業医、衛生管理者、事業場内メンタルヘルス推進担当者、保健師等、各事業場内産業保健スタッフ等の職務に応じた専門的な事項を含む教育研修、知識修得等の機会の提供を図ること。
② メンタルヘルス対策に関する方針を明示し、実施すべき事項を委嘱又は指示すること。
③ 事業場内産業保健スタッフ等が労働者の自発的相談等を受けることができる制度及び体制を、それぞれの事業場内の実態に応じて整えること。
④ 産業医等の助言、指導等を得ながら事業場のメンタルヘルス対策の推進の実務を担当する事業場内メンタルヘルス推進担当者を、事業場内産業保健スタッフ等の中から選任するよう努めること。事業場内メンタルヘルス推進担当者としては、衛生管理者等や常勤の保健師等から選任することが望ましいこと。なお、事業場の実情によっては、人事労務管理スタッフから選任することも考えられること。
⑤ 一定規模以上の事業場にあっては、事業場内に又は企業内に、心の健康づくり専門スタッフや保健師等を確保し、活用することが望ましいこと。なお、事業者は心の健康問題を有する労働者に対する就業上の配慮について、事業場内産業保健スタッフ等に意見を求め、また、これを尊重するものとします。

---

⑥ 事業場外資源によるケア

メンタルヘルス対策を行う上では、事業場が抱える問題や求めるサービスに応じて、メンタルヘルス対策に関し専門的な知識を有する各種の事業場外資源の支援を活用することが有効です。また、労働者が相談内容等を事業場に知られることを望まないような場合にも、事業場外資源を活用することが効果的です。

事業場外資源の活用にあたっては、これに依存することにより事業者がメンタルヘルスケアの推進について主体性を失わないよう留意すべきです。このため、事業者は、メンタルヘルス対策に関する専門的な知識、情報等が必要な場合は、事業場内産業保健スタッフ等が窓口となって、適切な事業場外資源から

必要な情報提供や助言を受けるなど円滑な連携を図るよう努めることが重要です。また、必要に応じて労働者を速やかに事業場外の医療機関及び地域保健機関に紹介するためのネットワークを日頃から形成しておくことも必要でしょう。

⑦ 対応マニュアル、発症防止対策の策定

労働者がメンタルヘルス不調を訴え、もしくは精神疾患が疑われる行動が発見された際に、各部署の管理監督者が、迅速かつ適正に対応できるようにするため、対応マニュアルの策定を行い、教育研修等でその活用法や趣旨を周知しておくことが望ましいといえます。

また、日頃から各職場でのメンタルヘルス不調の発生防止の対策について検討し、その具体的な方法や気づきポイントなどについて、管理監督者や職場内産業保健スタッフに対し、定期的に情報提供することが望ましいでしょう。

⑧ 採用者の健康状態の確認

メンタルヘルス対策というと、社員がうつ病等の精神疾患にかかった場合の対応やその原因となる因子を取り除くことに焦点を当てがちですが、新たに採用する社員の健康状態を把握し有効に活用することは、最も基本的であり重要なことです。うつ病等の精神疾患にかかっているかどうかや、過去に精神疾患にかかったことがある場合にはその治癒の状況について情報を収集し、採用予定部署の業務内容や業務量に照らして、就業できるかどうかの判断にその情報を活用することは、職場でのメンタルヘルス不調者の発生を抑制するために必要な対策といえるでしょう。そしてその情報は、採用後の配属先や業務の割り当てを決定するための判断材料として、さらにはその社員がその職場でより力を発揮できるようにするために、有効に活用するとよいでしょう。

ここで重要なのは、採用可否の結論を出す前に情報収集をして、就業可能かどうかの判断をしておくことです。そして、採用候補者に健康状態に関するインタビューをする際には、採用候補者のプライバシーや人権に充分配慮して、その方法や内容を検討しなければなりません。もちろん、ここで取り扱う情報はセンシティブな情報となりますので、その使用目的と使用範囲を明らかにし、本人の合意を得た上でインタビューを行わなければなりません。

また、採用時に社員の性格的傾向を把握しようと試みる企業が増えておりますが、その結果は、採用後の配属先や従事してもらう業務内容を検討し、さらには将来におけるうつ病等の精神疾患を予防するという観点から、重要な情報となる可能性があります。その性格的傾向に関する情報を得る方法としては、

確立されたものはありませんが、職務に関する「適性診断テスト」など市販のものが活用されています。

(2) うつ病対策としての長時間労働対策

① 適正な労働時間管理とうつ病対策

長時間の残業など過重な労働が続くと、脳・心臓疾患を発症するリスクが高まることが医学的に知られています。実際、過労死の労災認定件数は、労働災害による死亡件数の約1割相当にまで増加しています。

精神障害の労災認定の場面では、業務による心理的負荷の強度の評価においても、極度の長時間労働（たとえば、数週間にわたり生理的に必要な最小限度の睡眠時間を確保できないほどの長時間労働により、心身の極度の疲弊、消耗をきたし、それ自体がうつ病等の発病原因となる恐れのあるもの）の事実が認められる場合には、その他の評価項目にかかわらず、業務による心理的負荷の総合評価をもっとも高い「強」とすることができるとされており、業務災害と認定される可能性が高くなります（**第8章**参照）。

また、恒常的な長時間労働は精神障害の準備状態を形成する要因となる可能性が高いとされています。したがって、うつ病対策を考える上では、適正な労働時間管理を行い、時間外・休日労働を削減して、過重労働をなくしていくことは重要な対策のひとつであると考えます。

過去の裁判例では、恒常的な長時間残業を認識していながら、ただ単に注意・指導するだけでは労働者の心身の健康に配慮したとはいえず、労働者の心身の健康状態が悪化していることに気づいた場合、使用者や上司はその労働者の健康状態に合わせた業務上の措置を講ずるべきであったとの見解が示されています（電通事件・最高裁平成12年3月24日判決・判時1707号87頁）。

② 長時間労働者に対する対応

まず、従業員の勤務が長時間労働になっているかどうかの把握、すなわち各従業員の正確な労働時間の把握が不可欠です。労働時間を把握する方法として利用されているのは、タイムカードなどの自動管理システムや自己申告、使用者（使用者から労働時間を管理する権限の委譲を受けた者を含みます）による確認等ですが、タイムカードやICカード等の客観的な記録に基づいて把握することが望まれます。また、労働時間のみならず、出張の有無や頻度、遅刻早退欠勤等の勤怠状況、交替制勤務や深夜勤務の状況など勤務実態を総合的に把握す

ることも必要です。

次に、長時間労働者を抽出し対象となる従業員に対して改善指導を行います。このとき、業務の量や仕事の進め方など、上司を交えて改善策を検討することが望ましいでしょう。

その後、長時間労働が改善されているか、定期的に確認を行い、改善がなされていない場合には、再度改善指導を行うなどのフォローを継続的に行うことが重要です。

③ 医師の面接指導等義務

すべての事業場（従業員が常時50人未満の事業場を含む）においては、時間外・休日労働時間（週40時間を超える労働時間）が1か月当たり100時間を超え、かつ、疲労の蓄積が認められるときは、労働者の申出を受けて、医師による面接指導を行わなければなりません（ただし、1か月以内に面接指導を受けた労働者等で、面接指導を受ける必要がないと医師が認めた者を除きます）。時間外・休日労働時間が1か月80時間超の場合における医師の面接指導は努力義務とされています。

そこで、企業としては、労働者の時間外労働の時間管理及び健康管理を行い、面接指導を適切に実施することが可能な産業医等を確保するとともに、月の時間外・休日労働が100時間を超える者を対象に、該当労働者が申出を行った場合に面接指導が受けられることを周知し、また、面接指導を産業医等の医師に指示できる体制を確立する必要があります。

〈対象となる時間外・休日労働時間の算出方法〉
時間外・休日労働時間数
＝1か月の総労働時間数－（計算期間（1か月間）の総暦日数／7）×40
　※1か月の総労働時間数＝労働時間数＋延長時間数＋休日労働時間数

---

④ 事後措置を講じる義務

医師は、労働者の勤務の状況、疲労の蓄積の状況その他心身の状況（メンタルヘルス面も含みます。）について確認し、労働者本人に必要な指導を行います。一方、事業者は、面接指導を実施した労働者の健康を保持するために必要な措置について、医師の意見を聴かなければなりません。また、医師の意見を勘案

して、必要があると認めるときは、当該労働者の実情を考慮して、就業場所の変更、作業の転換、労働時間の短縮、深夜業の回数の減少等の措置を講じるほか、医師の意見の衛生委員会等への報告その他の適切な措置を講じなければなりません。

　企業は、医師の事後措置等の意見を受け、面接指導結果を記録し、労働時間の短縮、休暇の付与、就業場所の変更、医師の意見の衛生委員会等への報告などを実施しなければなりません（労働安全衛生法第66条２項９号、10号）。面接指導結果の記録とは、具体的には、実施年月日、労働者の氏名、面接指導を行った医師の氏名、労働者の疲労の蓄積状況、心身の状況、及び面接指導の結果に必要な措置についての医師の意見を記入したものでなければなりません。さらに、この報告書を企業は５年間保存しなければなりません（労働安全衛生規則第52条の６）。

⑤ 働き方の改善指導

　時間外労働を当然視する意識を改革することが基本となります。この意識を変えない限り、仕事のやり方や体制を変えたとしても、ほとんど効果が出ないことが多いでしょう。特に、経営者や労働時間管理を行う管理職の意識が変わらない場合には、職場全体の時間外労働を削減することは困難であるといえます。

（3）健康情報の管理

　健康情報とは、おもに健康診断の結果、病歴、その他健康に関するものをいいます。

① 取得について

　事業者が労働者から提出された診断書の内容以外の情報について医療機関から健康情報を取得する必要がある場合は、個人情報保護法23条の第三者提供にあたるため、事業者としてはあらかじめこれらの情報を取得する目的を労働者に明らかにして承諾を得るか、必要に応じて労働者本人からこれらの情報を取得するほうがよいでしょう。

　また、健康保険組合等に事業者が健康情報の提供を求める場合も同様です。もっとも、事業者が健康保険組合等と共同で健康診断を実施する場合には、共同利用者となりますから、労働者の同意は必要ありません。

② 管理について

健康情報のうち、検査の値などのいわゆる生データの取り扱いについては、その利用にあたって医学的知識に基づく加工・判断等を要することがあるため、産業医や保健師等の医療職員によって行われることが望ましいでしょう。

また、こうした専門家以外の者が取り扱う場合には、目的外使用されないように、必要に応じて健康情報を適切に加工した上で提供する等の措置を講じなければなりません。

③ 苦情処理について

健康情報にかかわる苦情や相談に適切に対応するために、産業医、保健師等、衛生管理者その他の労働者の健康管理に関する業務に従事する者（「産業保健従事者」といいます。）と連携を図ることができる体制を整備しておくことが望ましいといえます。

④ 外部委託との関係

事業者は、健康診断等を医療機関に委託することが多く、健康情報においても外部とのやり取りをする機会が多くあります。また、事業場内においても、産業保健業務従事者以外の者に健康情報を取り扱わせる場合があること等にかんがみ、あらかじめ下記事項について事業場内の規定等として定め、労働者及び関係者に周知することが望ましいでしょう。

　（Ⅰ）健康情報の利用目的に関すること
　（Ⅱ）健康情報にかかわる安全管理体制に関すること
　（Ⅲ）健康情報を取り扱う者及びその権限並びに取り扱う健康情報の範囲に関すること
　（Ⅳ）健康情報の開示、訂正、追加、または削除の方法（廃棄に関するものを含む。）に関すること

3 中小企業のうつ病対策に関する問題点

(1) 経営者層への啓蒙、専門家からの助言・指導

　中小企業の場合、メンタルヘルス対策を講じることについて、経営者層の理解を得られないケースが散見されます。これは、経営者層自身がメンタルヘルスに対する正しい知識を持っておらず、うつ病等の精神疾患に対して「うつ病は怠け者の病気」などと誤解をしていることが原因のひとつとして考えられます。企業としてメンタルヘルス対策に取り組むためには、組織づくりや教育研修など、多少なりとも費用や労力を費やすことになりますので、経営者層の理解を得ることなしには実行は不可能です。したがって、経営者層の理解が得られない場合、メンタルヘルス対策担当部署の責任者や担当者は、経営者層、特にトップへの啓蒙が不可欠となります。

　ところが、専門知識を得た担当者であったとしても、経営者が部下である社員から素直に説明を受け、正しい理解をしたうえでメンタルヘルスに対する意識を変えることは困難である場合が多いようです。そこで、こういったケースにおいては、医師や衛生コンサルタントなど信頼できる外部の専門家から経営者層に対して直接助言や指導をしてもらうこと、顧問先の弁護士や社会保険労務士から、メンタルヘルス対策を講じないことによるリスクや他社での事例などを説明してもらうこと等により啓蒙していくことも、有効な手段となるでしょう。

(2) 長時間労働の抑制等に向けた働き方の見直し促進

　中小企業において、特に起業間もない企業や急激に業績を伸ばしている企業では、以前の高度経済成長の時代の多くの企業がそうであったように、長時間働くことこそ美徳であるというような風潮が見受けられます。そういった企業の経営者は、事業を拡大することばかり考え、従業員の職場環境というところにまで考えが及ばないことが多いのです。

　企業内部の職場環境を整えることをおろそかにして事業拡大を進めていくと、社員の数が増えたときに企業規模に見合った体制づくりができず、企業リスクが高まることになりかねませんので、業績が伸びているときこそ充分な注意が必要です。

先にも述べたように、長時間労働はうつ病等の精神疾患の発症の原因となりうるため、長時間労働を放置してうつ病等を発症する社員が出てきた場合には、業績に影響を及ぼすのみならず、企業として大きなリスクを抱えることとなります。長時間労働は、個々の社員や担当者のみが長時間労働をしないようにと意識を変えただけでは改善されませんので、企業全体の問題として働き方を見直し、長時間労働を抑制する必要があります。そのためには、まず、企業の経営者層、特にトップが社員の働き方に対する意識改革をすることが最も重要なことといえるでしょう。

(3) 専門家とのネットワークづくりとメンタルヘルス対策推進担当者の設置

中小企業の場合、人的資源に限りがあり、経営的にも、産業医や衛生コンサルタントなどの専門家を社内組織に組み入れることは困難である場合が多いようです。そういった場合、人事担当者や衛生管理者もしくは衛生推進者などが窓口になり、日頃から外部の専門家との連携をはかり、ネットワークづくりをしておくことは、いざというときに迅速かつ適切な対応をとるための重要なポイントとなります。

企業内におけるメンタルヘルス対策では、セルフケア及びラインによるケアが効果的に実施されるよう、労働者及び管理監督者に対する支援を行うとともに、心の健康づくり計画の実施にあたり、中心的な役割を担う「メンタルヘルス対策推進担当者」を設置することが望ましいといえます。

メンタルヘルス対策推進担当者は、産業医等の外部の専門家からの助言、指導等を得ながら事業場のメンタルヘルスケアの推進の実務を担当するため、衛生管理者（衛生推進者）等や常勤の保健師等から選任することが望ましいと考えられますが、それが困難な場合には、人事担当者など外部の専門家との連絡窓口として有効に機能するような担当者を選任しましょう。

(4) 外部の専門家（弁護士や社会保険労務士）の活用方法と留意点

メンタルヘルス対策を行う上で、社内規定や体制づくりが重要であることは先にも述べましたが、実際に社内規定作成や体制づくりの際は、適切な対策を講じるために、どのような企業リスクがあるのか、そして、そのリスクにはどのような対策が有効であるのかを把握したうえで、それぞれの問題に対して、

第3章　平常時に企業に求められるうつ病対策

具体的な対策を講じることが望ましいです。どのような対策が必要であるかは、企業規模、企業の体力、従業員数や業態など個々の企業の状況によって異なりますので、市販の書籍等で例示されている規定や体制では、実際に起こった問題に対して対応できないといったことが散見されます。せっかく費やした時間と労力が無駄にならないように、メンタルヘルス問題を取り扱う弁護士や社会保険労務士などの専門家に相談し、その企業に合った対策を充分検討したうえで、必要な対策に優先順位をつけて実施していくことが望ましいでしょう。

第4章 うつ病と疑われる社員が出てきた場合の対処法

1 うつ病の初期対応

(1) うつ病の兆候

　社員の行動に、うつ病の兆候（サイン）が表れることが多くあります。このサインに早く気付き適切な対処をすることで、大きな問題になることを防ぐことができます。すなわち、社員のうつ病が上司のセクハラやパワハラに起因する可能性がある場合には、会社が訴えられるリスクが増大します。また、うつ病が原因で、社員が「債務の本旨に従った労務の提供義務」が果たせないような場合には、社員の解雇をめぐり、会社と社員が対立することも考えられます。

　社員に、以下のような行動があった場合、うつ病になっている可能性があります。前記のリスクを避けるために、周囲に、このような行動が見られる社員がいないか冷静に観察してください。

〈サインとなる行動〉
1．以前と比べて表情が暗く、元気がない
2．体調不良の訴え（身体の痛みや倦怠感）が多くなる
3．仕事や家事の能率が低下、ミスが増える
4．周囲との交流を避けるようになる
5．遅刻、早退、欠勤（欠席）が増加する
6．趣味やスポーツ、外出をしなくなる
7．飲酒量が増える　など

（出典：平成16年1月厚生労働省　地域におけるうつ対策検討会「うつ対策推進方策マニュアル」）

第4章 うつ病と疑われる社員が出てきた場合の対処法

〈コラム：産業医の立場から〉
従来型うつ病と現代型うつ病

うつ病不調者が発生した場合、まずうつ病に気付き、精神科受診につなげることが大切ですが、うつ病の精神科未受診の率は71.8％にものぼります。本人および周囲はどのようにして気付き、受診を促したらよいのでしょうか。病前性格、症状、対応の仕方がそれぞれ異なる、従来型うつ病と現代型うつ病の2パターンに分けて見ていきたいと思います。

① 従来型うつ病（メランコリー型）

従来型うつ病は、中年に多く、真面目、几帳面、他人への配慮を欠かさない、良心的、秩序を重んじるといった性格の人がなりやすい型です。昇進、離別、退職、引っ越しなどのライフイベントがきっかけとなることが多いですが、特別なきっかけがない場合もあります。

自覚症状としては、抑うつ気分や不安・焦燥といった気分の問題を自覚する前に、不眠、食欲の低下、腹痛、頭痛、肩こり、腰痛、腹部不快感、便秘、めまい感、動悸といった身体的な問題で自覚することも多く、まず内科を受診し、うつ病の可能性を指摘されて精神科受診に至ることも多いといわれています。このような自律神経症状が長期にわたって続いているときにはうつ病が裏に隠れている可能性を疑ったほうがよいといえます。気分の落ち込みについても朝方が重く、夕方にかけて次第に軽くなるといった日内変動があることが多いといわれています。しかし、日内変動はあってもほとんど一日中、毎日、2週間以上にわたって抑うつ症状が続きます。過度に自分を責めるなどの特徴もみられます。また周囲からは、職場での遅刻、欠勤の増加、集中力が落ち、ミスが増えるために業務パフォーマンスが落ちるといった事実で気づかれます。

うつ病治療の原則どおり薬物療法、休養が原則となり、現代型うつ病に比べて抗うつ薬への反応性も比較的良好ですが、初期のうちはなかなか自分がうつ病であると受け入れられず精神科受診を嫌がります。この場合には「うつ病の可能性があるから精神科に行ったほうがよい。」というそのものずばりの指摘よりも、本人の一番困っている症状に焦点をあてて「眠れない日が続くのはつらいから、睡眠薬の処方をしてもらいましょう。精神科は睡眠薬の使い方に関しては内科よりもプロだから。」といった工夫をして受診を促したほうが、本人は受け入れやすいでしょう。また受診して休養を勧められても勤勉な性格のため「いまここで自分が抜けたら周りに迷惑をかける」と、休養に踏み切れず、能率が落ちているのに無理をおして仕事をし、終わらないから残業をし、さらなるうつ病の悪化を招くといった悪循環に陥っていくケースもあります。このような場合には産業医から「今のあなたは休むことが仕事です」と半ば強制的に就業ストップをかけることが必要です。また「死にたい」という気持ちが切迫しているなどの重症例では、たとえ本人が

「家族に心配をかけるから言わないでくれ」と嫌がっていても必要に応じて家族に連絡をとり病状の理解を促し、当座の本人の危険な行動を阻止するよう見守ってもらい、入院するための協力を仰ぐこともあります（個人情報の保護に関する法律第23条を参照）。

② 現代型うつ病

現代型うつ病とは、20-30代に多く、自己愛が強く、他人へ配慮する傾向が乏しいといった性格の人がなりやすい型です。抑うつ症状は軽く、気分の日内変動も目立たず、他人を責める傾向が目立ちます。現代型うつ病は異種混合の疾患群（異なる性質を持つ疾患群の寄り集め）ですが、代表例としては以下のようなケースがあります。

・あまり怒られたこともなく、挫折を経験したこともない過保護に育てられたエリート男性。社会に出て現実の厳しさに直面し、立ち向かわずにすぐに逃げ出してしまう。職場にくると抑うつ気分に襲われるため出社できなくなるが、週末は遊べる。「自分がうつ病になったのは職場のせい」と他責的なタイプ。

・「この職場は本当に自分のやりたいことができない、今の仕事にやりがいを見いだせない」といつまでもモラトリアムを続けようとする。不全感と倦怠感が強い、生き方（ライフスタイル）の問題のように見えるタイプ。

・リストカット、摂食障害、不定愁訴を伴い、衝動性や不安・焦燥が強いタイプ。

・自己愛が強い若年女性。過食、過眠、体が鉛のように重いといった症状があり、これらの症状はくすぶってだらだらと続く。叱責に弱く過度に落ち込むが、ほめられると元気になるという気分反応性を認めるタイプ。

これらのタイプでは、「うつ病」との診断を比較的容易に受け入れるケースが多いといえます。抗うつ薬への反応性も従来型うつ病ほど期待できず、入院をすると途端に良くなり日常生活に支障が出ない程度に回復しますが、職場復帰となると遷延する（長引く）ケースも多いため、従来型うつ病と異なり、治療のメインとなるのは薬物療法や休養ではなく、パーソナリティ・スタイルに即した心理療法となります。職場でも「飴と鞭の対応」、つまり一時的な負荷の軽減は必要なときもありますが、だらだらと休ませてしまうと復帰のチャンスを逸してしまうことがあり、またむやみやたらと保護的に扱うのではなく言うべきことはきちんと言い、できていることは積極的にほめるなど、仕事に対しての動機付けも大切となってきます。

簡略化するために以上のように2パターンに分けましたが、実際にはうつ病は生物学的要因と心理社会的要因の二つが発症の成因と考えられ、2パターンともその両方を有しており、前者の割合が多いものが古典的うつ病であり、後者の割合が多いものが新型うつ病と考えることができます。また、重症な場合にはどちらも区別がつかず薬物療法、休養が必要であり、改善し

第4章　うつ病と疑われる社員が出てきた場合の対処法

> てくるとそれぞれの特徴がみえ始め、その段階で対応を変える必要がでてくることも多いです。たとえば、最初は古典的うつ病と考えられていた人が、保護的な対応をとるうちに職場で処遇困難化し新型うつ病の特徴を示し始めたりすることもよくあるため、経過を見ながら個別の対応をしていくことが必要です。

（2）管理職の対応

　うつ病が疑われる社員が出た場合、会社としてさまざまなリスクを負う可能性がある以上、適切な対応が必要です。これを怠ったために、うつ病に罹患した社員が自殺し、遺族からの裁判で、高額の賠償金を請求された事例もあります。

　このような会社にとって最悪の事態に至らないように、そして最悪の事態が発生しても会社は一定の責任を果たしていたと認められるようにするために、経営者や人事部門は社内にメンタルヘルスケア体制を構築し、管理職のとるべき対応をあらかじめ定めたうえで初期対応に当たるべきです。社員のうつ病発生に対して何の準備もない会社は、問題が発生しても現場や管理職から経営者まで情報が上がって来なかったり、適切な指示ができなかったりという結果になりがちです。そして、問題を「調べもしない」、「調べても手を打たない」組織は、最悪の事態が起きてから裁判所に「漫然と放置」していたと厳しく指摘され、当然ながらその放置の姿勢が賠償額にも反映されることになります。

　したがって、使用者の労働者に対する安全配慮義務を充分に念頭に置いて、適切な初期対応を行う必要があります。

① メンタルヘルスケア体制による対応

　管理職の取るべき対応が、社内規定・計画や衛生委員会決議等により定められていればそれに従って対応することになりますが、規定等で具体的な対応が定められていない場合はどうすればよいでしょうか。

　うつ病自殺訴訟のリーディング・ケースとなった電通事件において、最高裁判所は会社だけでなく管理職についてもその果たすべき役割を具体的に判示しています。

⟨会社の義務⟩
「(労働者の) 業務の遂行に伴う疲労や心理的負担が過度に蓄積して労働者の心身の健康を損なうことがないよう注意する義務」
⟨管理職の役割⟩
「使用者に代わって労働者に対し業務上の指揮監督を行う権限を有する者は、使用者の右注意義務に従って、その権限を行使するべきである。」

　つまり、社内規定の有無にかかわらず、管理職は法的に部下の心身の健康に注意する義務を負っているのです。そして、メンタル不調者が出たときの管理職による初期対応は、会社の対応として適切なものであったかどうかを裁判所に評価される重要な要素になります。たとえば、管理職が適宜面談を実施して不調者から病状や業務への希望をヒアリングした、不調者の担当業務を変更し

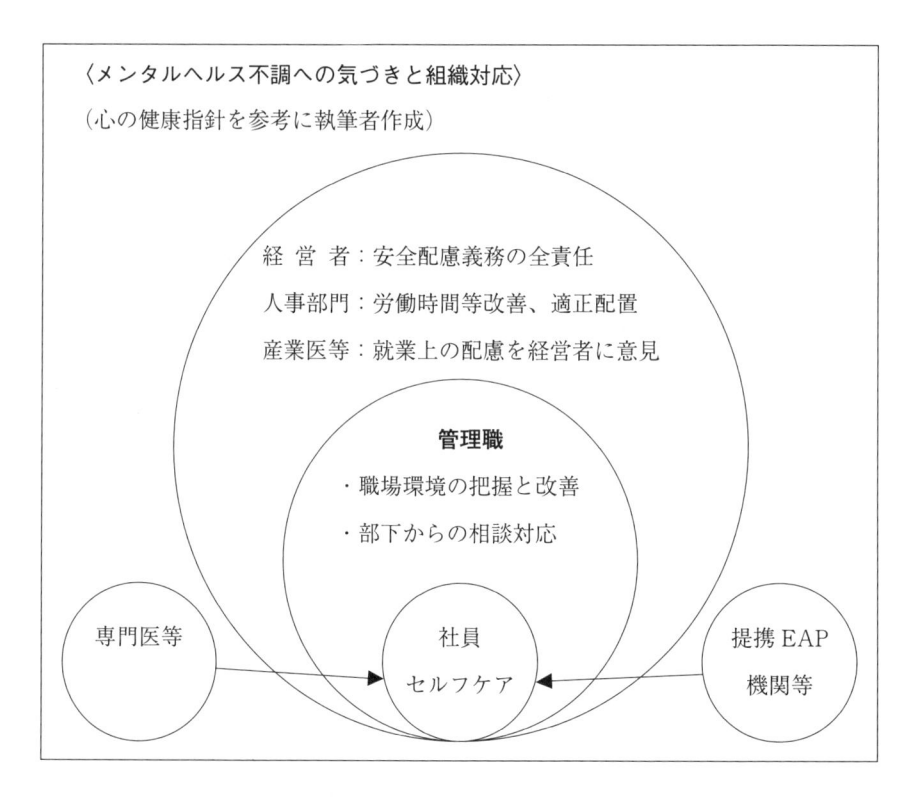

⟨メンタルヘルス不調への気づきと組織対応⟩
(心の健康指針を参考に執筆者作成)

経　営　者：安全配慮義務の全責任
人事部門：労働時間等改善、適正配置
産業医等：就業上の配慮を経営者に意見

管理職
・職場環境の把握と改善
・部下からの相談対応

専門医等　　社員　　提携EAP機関等
　　　　セルフケア

第4章　うつ病と疑われる社員が出てきた場合の対処法

た又は業務量を削減した等の対応があれば、会社が一定の義務を果たしていたと評価されることが多いのです。

　ここで、管理職が取るべき初期対応について述べる前に、「メンタル不調者・管理職・会社」間のあるべき関係を整理しておきます。平成18年3月31日に厚生労働省労働基準局安全衛生部が発表した「労働者の心の健康の保持増進のための指針」（以下「心の健康指針」といいます。）に基づいて、メンタルヘルスケアが組織で対応するべき事項であることを再確認します。

　メンタルヘルスケア体制において管理職に求められる役割は、部下の状況を日常的に把握しやすく、その職場における具体的なストレス要因も把握できることから、①勤務時間数や業務負荷などの職場環境の把握と改善、②部下からの相談対応、の二点が柱となります。そのうえで、就業上の配慮に関する専門的意見は産業医や会社の指定する専門医から受け、会社から預かっている大切な人的資源の毀損と捉えて、人事部門と連絡を取りながら、うつ病の徴候が見られる部下への対応を意思決定することになります。

② 職場環境の把握と改善

　うつ病の原因が個人的なものではなく職場にある場合、それを把握し改善することで、うつ病になった社員本人の病状の悪化を防ぐだけでなく、2人目のメンタルヘルス不調者の出現を防ぐことができます。

　職場におけるストレス要因は、たとえば、長時間労働、業務の質や量、人事異動、昇進・昇給、仕事上での大きな失敗、職場の人間関係（ハラスメントも含む）、職場の組織体制などがあります。管理職は、自分の職場で該当する要因を把握し、場合によっては会社全体で対処する必要があるでしょう。

　具体的には、以下のようなことがストレス要因となっている可能性があります。

---

① 事故や災害の体験
② 仕事の失敗、過重な責任の発生等
　　交通事故・労働災害の発生・会社の経営に影響するなどの重大なミス・違法行為の強要・達成困難なノルマ・取引先からの無理な注文・クレームなど
③ 仕事の量・質の変化
　　仕事内容、仕事量の大きな変化を生じさせる出来事・勤務時間が長時

> 間化する出来事・勤務形態の変化など
> ④ 身分の変化等
>   退職の強要・出向・左遷・差別・不利益な取扱い・早期退職制度の対象など
> ⑤ 役割・地位等の変化
>   転勤・業務内容の変化・配置転換・昇格昇進・部下の増減など
> ⑥ 対人関係のトラブル
>   ひどい嫌がらせ・いじめ・暴行・セクシャルハラスメント・上司や部下とのトラブル・同僚とのトラブルなど
> ⑦ 対人関係の変化
> （出典：厚生労働省「精神障害等の労災認定について」一部抜粋加工）

　これらに気付いたら、決して放置せず、後述のとおり労働時間の短縮を図るなど充分な対応をすることが大切です。さらに、対策の効果を定期的に評価し、効果が不充分な場合には計画を見直すなど、対策がより効果的なものになるように継続的な取組みに努めること、とされています。

　それと同時に、個々の社員の状況も把握し、過度な長時間労働や過重な疲労、心理的負荷、責任等が生じないよう、能力や適性に合わせて配慮する必要があります。そして、うつ病と思われる社員本人にも、さりげなく心身の健康状態を確認し、必要に応じて、産業医ほか社内の専門スタッフや専門医への相談や受診を勧めましょう。職場の同僚にも状況などの事情を聴取する必要がある場合は、プライバシーの保護にも充分配慮する必要があります。

③ 部下からの相談対応

　うつ病が疑われる社員からの相談対応では、まず本人の心身の健康状態を確認し、メンタルヘルスの不調によって正常な労務の提供ができていないようなら、原則として治療に繋げます。管理職ひとりで抱え込まず、人事部門や産業医等と連携して対応しましょう。

ア　相談を受けるときの5原則

　管理職が部下の相談にのるときに、想定外の質問や希望が出されることもしばしばあります。部下のメンタルヘルス不調は、管理職にとってはいくつもの職務のうちのほんの一部にすぎませんが、当の部下にとっては自分の仕事そして収入のすべてに影響しかねない重大な問題ですので、管理職が考える以上に部下本人がいろいろと考えているケースは少なくありません。ここでは、上記

のメンタルヘルス対応において第一線の管理職の方々が是非とも守るべき原則を説明します。これは、うつ病に罹患した社員と後日、人事労務上のトラブルに至った企業からの相談を受けた産業医・弁護士・社会保険労務士等が、「初期対応でこうしていればこじれなかったのではないか。」と思えるものをまとめたものです。

> 原則1 「相談では傾聴に徹する」
> 原則2 「情報を与えると同時に情報を収集する」
> 原則3 「仕事量や勤務条件変更の話を安易にこちらから切り出さない」
> 原則4 「労災・健康保険を使えるかと聞かれたときの回答には注意する」
> 原則5 「家族とは別窓口で対応する」

◆ 原則1 「相談では傾聴に徹する」

　特に、相談をしてきた部下がそれまでの勤務態度や成果において思わしくない者であった場合、管理職が今まで注意指導してきたことを相談の場でも繰り返したり、相談内容に疑念があるかのような発言をしたりしてしまう場合があります。これは、その部下との間に感情的なしこりを残すだけでなく、後に紛争化すると「上司からのいじめがあった。」などと評価されることもあり、その管理職の精神的負担も大きいものになってしまいます。また、発症の背景が部下の私生活にあり、第三者からみるととても同情できない場合もありますが、そのようなメンタルヘルス不調であっても企業による社員メンタルヘルス管理の対象となります。原因が社員の私的な出来事にあっても、そのような社員を使用する以上、企業の安全配慮義務がなくなるわけではないからです。

　「今の若い社員に対して言いたいことは山ほどある。」という管理職は少なくないと思いますが、少なくとも初回の相談は「傾聴に徹することが仕事である」と考えて下さい。なお、相談時のやり取りについては忘れずに書面に記録して下さい。

◆ 原則2 「情報を与えると同時に情報を収集する」

　本人の話を充分に聞いた後は、会社産業医や会社指定の専門医等といった相談窓口についての情報を伝えます。また、会社によっては社内の保健師や衛生管理者、契約しているEAP（Employee Assistance Program：社員支援プログラ

ム機関。専門家によるカウンセリング、相談、医療機関の紹介、研修等を行う。）についての情報を提供する場合があります。また、衛生委員会等から心の健康に関するセルフチェックが配布されていれば、チェックしたものを持参して相談窓口に行くことを本人に勧めます。

　情報を提供すると同時に、①今までに自ら心療内科や精神科で診療を受けたことはあったか、②診療を受けた場合には処方箋も出たか、③病名を言われたか、についても本人が話せる範囲で情報を集めて下さい。なお、「うつ病と言われた」等の回答があった場合には、主治医からなのか、口頭なのか、診断書等の書面が出たのか等も確認して下さい。なお、こちら側の聞きたいことを先にあれこれ尋ねると刑事による取調べのようになってしまいますので、まず「大変だったな。」と部下の話を受け止め、情報を与えて一呼吸おいてから、更なる情報を収集するのがよいでしょう。なお、部下がプライバシーや個人情報を理由に回答を拒むことがあります。態度によっては不愉快かと思いますが、そのような場合はそれ以上回答を強要せず、拒否の事実を記録しておいて下さい。

◆ **原則3「仕事量や勤務条件変更の話を安易にこちらから切り出さない」**

　業務量削減や休職等はもちろん、「しばらく休んだらどうだ。」等、管理職が部下の心身を気遣ってかける言葉も、メンタルヘルス不調時には「自分は職場で必要とされていない人間だったのだ。」等、否定的な受け取り方をされてしまうことがあり、悪くすると自殺に至る可能性があります。また、本人から「短時間勤務になりたい。」「休職したい。」等の希望があった場合も、「社内規定を確認して検討するからその話は○日にもう一度話そう。」と、即答を避ける代わりに次回の相談日を決めて安心させて下さい。たとえば、社内に短時間勤務の規定がない場合に、会社として、短時間勤務という不完全な労務の提供を受領しなければならないかという点は、他の社員との関係性といった観点からも、充分に吟味検討する必要があるからです。仕事量や勤務条件変更の必要がある場合もありますが、安易にこちらから切り出さないほうがよいでしょう。産業医や主治医と連携して充分に検討した上で対応するようにしてください。

◆ **原則4「労災・健康保険を使えるかと聞かれたときの回答には注意する」**

　すでに何日間か連続・断続の欠勤があり、主治医からうつ病との診断を受けていた部下から、労災や健康保険を使えるかと尋ねられることがあります。発症が業務上と認められれば労災保険による療養補償給付（治療費）や休業補償

第4章　うつ病と疑われる社員が出てきた場合の対処法

給付・特別支給金（併せて平均賃金の80％）、認められなければ健康保険による傷病手当金（標準報酬日額の3分の2）を原則として請求できますが、労災保険で業務上であるかないかを判断するのは事業所所轄の労働基準監督署であって、会社ではありません。そして、労災保険を請求したいという社員は往々にして「会社のせい、仕事のせいで発症したのだ。」という被害者意識がある場合があるので対応に注意が必要です。基本的にはこれも即答せず、後日人事部門担当者にも同席してもらったうえで次の3点を説明します。

①あなたが労災請求を希望しているのなら、会社として協力する。
②しかし、労災を認めるか認めないかは、会社ではなく労働基準監督署の権限である。
③そこで、現実的対応として、労災保険の休業補償給付と健康保険の傷病手当金を同時に請求してまず傷病手当金を生活の原資としておき、後日労災が認められ給付を受けられたときに傷病手当金を精算するという方法がある。

◆ 原則5 「家族とは別窓口で対応する」

　雇用契約の原則からすると、社員の家族は雇用契約の当事者ではなく、会社との間に何らの権利義務も生じないはずです。しかし、「心の健康指針」では、家族は社員のメンタルヘルス不調に最初に気づき、治療勧奨等で大きな役割を果たすとして、「事業者は、事業場に対して家族から労働者に関する相談があった際には、事業場内産業保健スタッフ等が窓口となって対応する体制を整備するとともに、これを労働者やその家族に周知することが望ましい」と定めています。従って、管理職は部下の家族と直接対応する必要はありませんが、産業医や衛生管理者等が部下の家族からの相談に対応できるよう、部下の勤務状況等について情報を共有しておく必要があります。

イ　健康診断受診命令

　相談に応じる部下であれば管理職の方との間に信頼関係があるものと推測できます。しかし、相談の呼びかけに応じないでいながら「いつもと違う」勤務状況を続ける部下に対して、健康診断受診命令を出してよいのでしょうか。ここでは受診の必要性が乏しいにもかかわらず管理職や人事部門から何度も説得すると、不法行為による慰謝料請求をされかねないという問題がありますので、法的なガードを固めて命令を出す必要があります。

　第一に、就業規則に健康診断受診命令権が規定されているかどうかを確認す

ることです。会社の受診命令権が規定されていれば、それを根拠に受診を命じることができます。規定されていない場合には、命じたとしても根拠が明確でないために、拒否されても懲戒しにくくなります。なお、就業規則の改訂は企業規模が大きくなると時間がかかってしまいますので、受診命令の規定のない企業は直ちに改訂に着手しておくことをお勧めします。

　第二に、就業規則に明示的な根拠がない場合には、「いつもと違う」勤務状況そのものから受診の必要性を検討する必要があります。つまり、勤怠状況や仕事の能率の低下、ミスや事故の発生状況、不自然な言動等を観察しあるいは証言を集め、一定期間の経緯を書面に記録するのです。本来は、就業規則上の受診命令規定と記録文書との両方をもとに健康診断を受診するよう命令するのが最善ですが、ガード固めの手間暇が迅速性と相反する場合には、リスクを承知のうえ後者の根拠だけで命令を出すという判断もありえます。

　なお、会社から「精神科の受診を命ずる。」という文言の命令書を受けることは、命令違反者であっても屈辱的と感じる場合もあると思います。そこで最初は、内臓の働きによるメンタルな影響を診断してくれる心療内科での受診を命じてみるというのも一つの手です。

ウ　収集すべき情報と管理

　部下からの相談内容とともに、管理職の方は次の情報を集めておく必要があります。これらの情報に基づき、管理職の方は人事部門と協議し、産業医、弁護士・社会保険労務士による意見を求めたうえで、休職命令ほか人事上の対応を意思決定するからです。

1. 会社の定期健康診断記録、雇入れ時・職務変更時健康診断記録
2. 直近12か月分の時間外・休日出勤時間数と深夜勤務時間数
3. 直近12か月の有給休暇の消化実績及び残日数
4. 本人の業務の種類と内容等
5. 業務の精神的負荷（定性的なもので可）と同一業務での過去の発症

　なお、社員の健康情報の多くは、社員のプライバシーに関わる個人情報として個人情報保護法上の保護が及びます。特に、メンタルヘルスに関する健康情報は、個人情報の中でも慎重な取り扱いを要する情報です（「センシティブ情報」と呼ばれます）。

　そのため、当該社員の健康情報を収集する場合、当該情報の利用目的を明らかにし、本人の同意を得たうえで情報収集を行わなければならないのが原則で

第4章　うつ病と疑われる社員が出てきた場合の対処法

す。
　また、使用者は、社員の健康情報について、原則として、本人の同意なしに第三者に開示することはできませんので、情報漏えいを防止するため、社員の健康情報の管理には万全を尽くす必要があります。

〈コラム：メンタルヘルスコンサルタントの立場から〉
人事労務部門ができること

　職場でのメンタル不調者発生は、思いもよらないときにやってくるものです。自分の部下から不調者を出してしまった管理職らに話を聞くと、みな異口同音に「部下の様子が変だということには気が付いていました。しかし、どうしていいかわからないうちに、勤怠が乱れ始め、やがて休業に入ってしまったのです。」と説明してくれます。
　このことからもわかるように、メンタル不調は、周囲が気づくころには相当悪くなっている場合があります。「いつもと違う」と思ったら、管理職としてどう行動するのか、あらかじめ手引き（マニュアル）を作成し、それを元に研修を行うとよいでしょう。
　この手引きを作る前に研修を行うと、通り一遍の内容となり、ノウハウを知りたい管理職から不評を買うことにもなりかねません。管理職は医師でもカウンセラーでもないことを自覚させ、長々と相談に乗りすぎたり、勝手に勤務形態を変えたりすることのないよう普段から教育しておくことが大切です。
　また人事労務部門としては、管理職に対するサービスセンターとしての機能を発揮し、管理職からの相談に迅速、的確に応えられるよう準備しておく必要があります。ケースによっては人事異動が必要となる可能性もあり、部署間で発生する人のやりくりなどを側面から支援することが求められます。

2 うつ病が判明したときの具体的対応

(1) 労働時間の短縮

　労災認定が問題となる場面においては、社員がうつ病にかかったことが会社の業務による心理的負荷が原因かどうか（業務起因性の有無）の判断が行われますが、その業務起因性の有無の判断にあたっては、社員がどの程度の長時間労働を行っていたかがひとつの判断要素となります（前掲厚生労働省「精神障害等の労災認定について」参照）。実際、程度の差こそあれ、長時間労働とうつ病の発症、重症化との間には一定の関連性が認められうるところで、長時間労働を抑止することがうつ病の改善につながる可能性があります。

　そのため、社員がうつ病にかかっていることが判明した場合は、産業医等の意見を聴取し、残業がうつ病の原因かどうかはわからないまでもその可能性も否定できないのであれば、まずは、残業をさせないようにし、場合によっては、当該社員に対し残業禁止命令を出すなどして、当該社員に残業をさせないようにすることが、社員がうつ病にかかっていることが判明したときの管理職対応の第一歩となります。

　また、さらに一歩進んで、うつ病にかかった社員について、産業医等の意見を聞いたうえで、社員の同意を得て短時間勤務とすることも考えられます。

　賃金は、あくまで雇用契約に基づく労務提供の対価なので、短時間勤務の合意をする場合には、当初の雇用契約において予定されていた労働時間に満たない部分について、賃金を減額することは可能です（ノーワーク・ノーペイの原則）。この合意は書面にしておきましょう。

　うつ病にかかった社員は自ら出社しなくなってしまうことも多く、その場合には具体的対応として労働時間の短縮は考えづらいでしょうが、出社している場合には、以上のとおり産業医等の意見を聴いたうえで労働時間の短縮を検討する必要があります。

(2) 配置転換

　うつ病の業務起因性の有無の判断においては、当該社員について、仕事上の失敗、過重な責任、（会社内での）役割や地位の変化、対人関係のトラブルなどにより、業務による心理的負荷がどの程度かかっていたのかも判断要素となり

第4章　うつ病と疑われる社員が出てきた場合の対処法

ます（前掲厚生労働省「精神障害等の労災認定について」を参照）。また、うつ病を発症した社員について、配転を行って業務による心理的負荷を軽減したところ、うつ病の症状に改善がみられたというケースもあります。

そのため、産業医等から意見を聴取しつつ、うつ病にかかった社員について、仕事上の失敗、過重な責任、（会社内での）役割や地位の変化、対人関係のトラブルなどの兆候がみられ、それらがうつ病の原因かどうかわからないまでも原因となっている可能性があるのであれば、配転を検討してみるのは有用です。

一般に、長期雇用の労働契約関係においては、職種内容や勤務地の限定されない雇用関係の成立が認められ、使用者は、就業規則や労働協約の配転義務条項に基づいて、労働者の職務内容や勤務地を決定する権限が人事権の一内容として認められると理解されています（東亜ペイント事件（最高裁昭和61年7月14日判決・判時1198号149頁）は、「使用者は業務上の必要に応じ、その裁量により労働者の勤務場所を決定することができるものというべきである」と判示しています）。

もっとも、労働契約上、使用者に配転命令権が認められる場合でも、企業にとっての配転を行う必要性の有無・程度、当該社員を配転の対象とする合理性と、当該社員に与える生活上・職業上の不利益の程度などを比較衡量したうえで、当該社員に対して通常甘受すべき程度を著しく超える不利益が生じると判断される場合等は、配転命令権の濫用として、配転命令が無効とされる可能性があります。

また、採用時の労働契約、就業規則、採用後の合意等により、当該社員の職種を限定する合意が成立したと認定される事例では、原則として、異職種への配転には当該社員の承諾が必要となると理解されています。

前掲東亜ペイント事件判決では、社員の個別的同意なく配転を命じるためには、①労働協約または就業規則に会社が業務上の都合により配転を命ずることができる旨の規定があること、②実際にもそれらの規定に従い配転が頻繁に行われ、採用時勤務場所・職種等を限定する合意がなされなかったことが必要であると判示しています。

以上のとおり、使用者が社員に対し、就業規則や労働協約の配転義務条項に基づいて配転命令を出すことが一般的に承認されているとしても、具体的な事案の内容如何では、その有効性が否定される可能性があります。

また、使用者側で決めた配転先の環境が、当該社員の症状改善にとってよいかどうかは一概にはいえないところもあります。

そのため、配転命令を検討する前に、まずは、うつ病にかかった社員との間で配転の必要性や合理性についてよく協議したうえで、当該社員の個別的同意をとりつけたうえで、配転を行うのを原則とすべきでしょう。

「本件配転は、その決定に至る過程において、当時のX（社員）の病状や治療の必要性、X本人の治療についての意向を十分に確認することなく、これらに対する配慮を欠いたままなされ、その結果、一時的にXの病状を悪化させるなどしたもので、違法といわざるを得ない」、「健康管理区分がＢ１である者の勤務の軽減をしなくてはならない場合、しかも、その疾病の内容がうつ状態である場合においては、本人の同意しない配転が、その病状をかえって悪化させる可能性を考える必要があり（中略）本件配転は、Xにとって、勤務の軽減とはならず、むしろ、過重となる可能性を考える必要があったというべきである」と判示された事例もあり（鳥取県米子市事件・鳥取地裁平成16年3月30日判決）、安易な配転命令は慎む必要があります。

なお、配転に伴って賃金を減額することができるかも問題となるでしょう。この点、賃金は、労働条件の中核に位置する契約条件であり、配転に伴って賃金を一方的に減額することはできないのが原則です。職務給制度など、担当する職種や職務内容に応じて賃金を決定する制度を導入している場合は、一方的な減額が許容される余地はありますが、労使トラブルの防止のためには、配転同様、まずは当該社員の個別的同意を得ることを考えるべきでしょう。なお、配転については**第5章**、**第7章**にも記述がありますので必要に応じて参照して下さい。

(3) 通院状況の確認

以上のとおり、社員がうつ病にかかっていることが判明した場合には、当該社員にとって業務上の心理的負荷の原因となっている可能性のある要因を除去ないし軽減することが、管理職対応の第一歩です。

ただ、当該社員のうつ病の改善には、管理職が業務上の心理的負荷の原因となっている可能性のある要因を除去ないし軽減するとともに、うつ病にかかった社員本人がきちんと通院して投薬治療等を受けることが必要です。

また、勤務時間短縮や配転などの対応をしても状況が好転しないといった場合の会社側の対応の検討などに備えるという意味でも、当該社員の通院状況をよく把握しておくことは大切です。

第4章　うつ病と疑われる社員が出てきた場合の対処法

　そのため、適宜診断書の提出を求めるなどして、当該社員の通院状況をよく確認するように努めましょう。
　本章1（2）③ウでも触れましたが、メンタルヘルスに関する健康情報は、個人情報の中でも慎重な取り扱いを要する情報です。使用者は、社員の健康情報について、原則として、本人の同意なしに第三者に開示することはできませんので、情報漏えいを防止するため、社員の健康情報の管理には万全を尽くす必要があります。
　配転や業務軽減の措置をとるうえで、当該社員の上司や同僚などに協力を求める必要がある場合も、いかなる情報を誰に伝えるかについては充分に吟味して、必要最小限の範囲にとどめるとともに、安易に当該社員の家族に健康情報を伝えてしまうといったことがないよう徹底した指導等を行う必要があります。
　後々のトラブルを避けるためにも、社員本人からの同意は、口頭ではなく書面でとりつけるようにしましょう。

第5章
うつ病によって勤務が困難となった社員への対処法（休職期）

1 はじめに

（1）ある日の会社の光景

　いつも笑顔を絶やさず、人の嫌がる仕事もいとわずてきぱきとこなすAさんが、最近、パソコンの画面の前で、空を見つめて、ため息ばかりつくようになりました。営業先とのトラブルや遅刻も目立ちます。
　Aさんはうつ病と診断され、ここ数日は無断欠勤の日々が続いています。

（2）Aさんが無断欠勤に至った原因は何か

　（1）で述べた光景は、いつか、どこかで遭遇するとも限らない事例といえます。実際、同僚がうつ病になったという経験をされている方も多いのではないでしょうか。
　本件でAさんがうつ病にかかり無断欠勤に至った原因が、上司のパワハラ等業務に起因するものと認められれば、当該上司への対応を含めた職場環境の調整等を会社として講じたうえ、Aさんに対し金銭賠償を含む手厚い対応が求められることはいうまでもありません。労災問題に発展することもありえます。
　Aさんがうつ病になった原因が、業務に起因するか否かが争点になることはしばしばあります。そもそもうつ病を始めとする精神疾患は、当初は業務外の傷病（＝私傷病）であるか、業務上の疾患であるかがわからないことが少なくありません。社員が精神疾患に罹患したことが判明した場合、後に業務起因性が争われることがあるとしても、最初から業務起因性のある精神疾患であることを前提にした対応をすることは適切ではありませんから、まずは、社員の私傷病が原因であることを前提とした対策を立てることになるでしょう。

第5章　うつ病によって勤務が困難となった社員への対処法（休職期）

2 個別労働契約の合理的解釈

（1）債務の本旨に従った労務を提供する義務

　会社と社員とは労働契約を締結しており、その内容の中心は、会社が社員に対して賃金支払義務を負い、社員は会社に対して、「債務の本旨に従った労務を提供する義務」を負うことにあります。債務の本旨に従った労務を提供する義務を果たせないとなると、後述する社員の「解雇」、社員の「休職」の問題が登場します（本書は、「休職」について、債務の本旨に従った労務の提供が不可能な場合に会社が命令するものだけでなく、時間的・質的には従前の職務に劣るものの債務の本旨に従った労務の提供が不可能とまではいえない、という場合に社員の申請ないし合意により休職するものも含めて考えています）。

　それでは、うつ病により無断欠勤を継続する本章1（1）で登場したＡさんは、「債務の本旨に従った労務を提供する義務」を果たせなくなったことになるのでしょうか。

　社員が、「債務の本旨に従った労務を提供する義務」が果たせるか否かを判断するには、当該会社と当該社員との間でどのような労働契約が締結されているか、その内容を合理的に解釈して判断をする必要があります。個々の契約の内容を判断・解釈する中で、社員の行っている労務の内容が、債務の本旨に従っているか否かを判断することになります。

（2）配　転

　職務内容又は勤務地を相当の期間にわたって変更することを配転といいます。私傷病を患った本章1（1）に登場するＡさんを、現在の職場から、職務内容の異なる職場に変更することができるでしょうか。

　私傷病であるうつ病により、社員がそれまで現実に従事していた職務を履践できなくなったとしても、従前の職務以外の職務を行うことも個別の労働契約の解釈上許されるならば（個別の労働契約の解釈上、職種や職務内容に限定がない趣旨が読み取れるのであれば）、そのような従前と異なる業務を社員が行うことで、「債務の本旨に従った労務を提供する義務」を社員は果たすことが可能になります。そのような契約の解釈が可能な場合には会社として、当該社員にとってより負担の少ない業務、勤務地への配転をするべきと考えます。もっと

も、一般的には負担が少なくなる業務、勤務地への配転と思われても、当該社員にとってはかえってストレスになる場合もありますので、そのような配転を認めるわけにはいきません。したがって、当該社員からの配転の希望・申し出があることが当然の前提になります。

　もっとも、労働契約上の安全配慮義務の一内容として、増悪防止義務（社員の病状の悪化を防止する措置をとるべき義務）を認めれば、むしろ、配転をすべき義務が会社に生じるケースも考えられるでしょう。とはいえ、現実に社員を配転したところ病状が悪化してしまうリスクが会社にはありますので、配転によって「債務の本旨に従った労務を提供する義務」を果たしうるか否かの判断の際、会社の指定する医師や産業医の意見を得ておくべきです。

　社員が事実上または生活上受ける影響が大きい配転命令については、不当な動機・目的をもってなされた場合や社員の受ける不利益が社会通念上甘受すべき範囲を著しく超える場合に、会社が不利益軽減の配慮義務を尽くさなければ、権利濫用として違法・無効となることがあります（東亜ペイント事件・最高裁第二小法廷昭和61年7月14日判決・判時1198号149頁）。なお、会社が配転命令を出すことに問題がないと認められる事案であっても、後日の紛争を回避する見地から、できる限り配転についての本人の同意を得る努力をしておくべきなのはいうまでもありません。

　もっとも実際には、配転を命じて負担の少ない業務をさせようにも、現在の職種と異なる負担の少ない職種等を準備することは不可能だ、というのが大多数の企業の現状かもしれません。

　ひとつ判例を紹介します。

> ◆ **判例紹介・片山組事件**（最高裁第一小法廷平成10年4月9日判決・判時1639号130頁）
> 　本件は、工事現場監督に従事する社員がバセドウ病に罹患したため、現場作業に従事することが不可能として、会社が自宅において治療することの業務命令を発した事案である。
> 　裁判所は、社員が現に就業を命じられた業務に従事できなくなったとしても、他の軽易な業務に配置することが可能であれば、その軽易な業務における労務の提供を社員が申し出ている場合には債務の本旨に従った労務の提供があったものとすべきであると判断した。

第5章　うつ病によって勤務が困難となった社員への対処法（休職期）

　この片山組事件判決によると、個々の労働契約の性質から合理的に判断し、他の業務に就くことができるような場合にはその業務に配置転換すべきであり、それをせずに休職させることは違法ということになります（休職については、後に詳述します。4参照）。
　配転に伴う賃金等労働条件の変更の問題は、**第7章**に詳しいのでそちらを参照して下さい。

(3) 職位の降格

　職位を低下させることを降格といいます。たとえば、うつ病を患った部長の職を解いて、課長に任ずるような職位の降格は、許されるのでしょうか。
　本章2(2)で述べた配転命令に対して、部長職を解いて課長に任ずるような職位の降格については、特に就業規則に根拠がなくとも人事権の行使として会社に裁量が認められます（懲戒処分として降格を行う場合は、懲戒処分としての規制に服することになりますが、本件は懲戒処分として降格を行う場面ではありません）。
　労働契約を合理的に解釈した結果、職位が限定されている場合には、それを下回る降格はできません。一方契約上許される範囲内の職位の降格であれば、降格後も社員は「債務の本旨に従った労務の提供」義務は果たしていることになります。
　とはいえ降格も、会社の裁量の範囲を逸脱し、社会通念上著しく妥当性を欠く場合には、権利の濫用として違法・無効となります。権利の濫用になるか否かは、会社の業務上の必要性の有無・程度、社員側における能力・適性の欠如等の帰責性の有無・程度、社員の被る不利益の性質・程度等を勘案して総合的に判断することになります。また、役職手当がなくなるケースのように賃金減額を伴う場合は、降格の必要性がより厳密に判断されることとなります。
　職位の降格に伴う賃金等労働条件の変更の問題、特に職能資格を引き下げる降格の問題については、**第7章**に詳しいのでそちらを参照して下さい。

(4)「債務の本旨に従った労務の提供」の有無の判断

　前述した、「債務の本旨に従った労務を提供する義務」を実際に果たしているか否か、今後も果たしうるか否かの判断は、実際には微妙な場合が多いと思われます。

社員が「債務の本旨に従った労務を提供する義務」を果たしていないと会社が判断すれば、社員としては、働きたいのに休職させられたり（後述本章4参照）、場合によっては解雇されてしまうリスクを伴いますので（後述本章3参照）、社員は後にその判断を争ってくる可能性が考えられます。このようなリスクに対処するために、会社として、できる限り、客観的な裏付け証拠を準備しておくことが、有効なリスクマネジメントになることはいうまでもありません。

そこで、「債務の本旨に従った労務を提供する義務」を果たしているか否かの判断に際して、会社の指定する医者や産業医などの診断書を準備したり、「債務の本旨に従った労務を提供する義務」を果たせない旨の本人作成の書面を準備する等の慎重さが要求されることになります（現実には、主治医や患者の言いなりになってしまう産業医が少なくないようですので、会社の立場を理解することができる産業医を選択したいところです）。

理想的な会社のリスクマネジメントとしては、これらのあらゆる事態を想定した周到な休職規程を準備しておくことが大切ということになります（後述本章4、第6章参照）。

流行シーズン前にインフルエンザの予防接種を受けておきさえすれば、万一インフルエンザに罹患したとしても、症状は軽くてすみます。整備された休職規程を会社で準備し、それを忠実に履践していれば、事後に万一争われてしまっても、ダメージは少なくてすむはずなのです。

（5）うつ病によって勤務が困難になった社員に賃金を支払う必要があるか

本章1(1)に登場したAさんが、個別労働契約の解釈も行った結果、いよいよ債務の本旨に従った労務の提供が不可能と判断された場合、会社はAさんの賃金を支払う必要があるのでしょうか。

私傷病により債務の本旨に従った労務の提供が不可能ということであれば、会社としてそのような社員に対して賃金を支払う必要は原則としてありません。私傷病という会社に帰責事由のない原因に基づく履行の不能のケースですので、社員には賃金請求権が認められないわけです（ノーワーク・ノーペイの原則）。

もちろん、資金に余裕のある会社が、私傷病により働けなくなった社員に対しても恩恵的に賃金を支払うことは問題ありません。

第5章　うつ病によって勤務が困難となった社員への対処法（休職期）

3　うつ病により勤務が困難になった社員を解雇できるか

（1）解雇権濫用の法理

　本章1（1）に登場したＡさんが、私傷病により債務の本旨に従った労務の提供が不可能と判断された場合、会社として賃金を支払わないだけではなく、さらにＡさんを解雇することができるか否かが問題となります。

　解雇とは、会社からの一方的な労働契約の解除をいいます。Ａさんが会社の業務と無関係の病気（私傷病）で働けなくなったわけですから、Ａさんのことを会社として手厚く遇する必要性はないともいえそうです。以上の考え方を貫けば、会社としてＡさんを直ちに解雇する、という選択肢も充分に考えられます。実際に、多くの会社では、「精神又は身体の障害により業務に堪えられないと認められたとき」等には（普通）解雇ができる旨の規定を置いているところです。

　しかしながら、解雇は生活の糧を奪われてしまう社員にとって決定的な影響を与えることになりかねません。社員の雇用の安定と継続を確保するために、これまで裁判所は、会社の解雇権の行使を制約する判例法理を形成し、確立してきました。最高裁は、「使用者の解雇権の行使も、それが客観的に合理的な理由を欠き社会通念上相当として是認することができない場合には、権利の濫用として無効となる」と判示しています（日本食塩製造事件・最二小判昭和50年4月25日・判時774号3頁）。労働契約法第16条は「解雇は、客観的に合理的な理由を欠き、社会通念上相当であると認められない場合は、その権利を濫用したものとして、無効とする」と定めて、解雇権濫用の法理を成文化しました。

　ここに労働契約法第16条にいう『合理的理由』とは、蓄積された裁判例を分析すると、おおよそ四つに大別されます。第一は、社員の労務提供不能・労働能力や適格性の欠如、第二は、社員の義務違反・規律違反行為、第三は、ユニオンショップ協定（採用された場合に、特定の労働組合に加入すべきこととし、加入しない場合や加入後脱退したり除名されたりした場合、使用者が当該労働者を解雇する義務を負うことを定めた労働組合と使用者との間の協定）に基づく解雇、第四は、経営上の必要性に基づく解雇です。

　本章1（1）で登場したＡさんは、私傷病により債務の本旨に従った労務の提供が不可能となったわけですので、前記第一のカテゴリーに含まれます。し

がって、会社が解雇するための合理的理由は認められることになります。しかしながら前述したように、合理的な理由が認められる場合でも、さらに、その解雇が、社会通念上相当であることが認められなければ解雇は認められません。裁判例も、この社会的相当性については非常に厳しく判断し、解雇以外の手段による対処を求めるなどして簡単には解雇を認めない傾向にあります。就業規則上、「精神又は身体の障害により業務に堪えられないと認められたとき」に当たるからという理由で会社が普通解雇に踏み切ったとしても、裁判になれば、社会通念上相当とはいえないと判断されて、解雇が無効とされてしまうリスクがあるわけです。

　会社として、社員が「債務の本旨に従った労務の提供」義務を果たせなくなったことを理由として、直ちに解雇に踏み切ることには、社員の生活を考えると、躊躇を覚えざるをえないところです。

(2) 直ちに解雇ができない場合の措置

　私傷病を患い、現在「債務の本旨に従った労務の提供」義務を果たすことができないにもかかわらず、本章1(1)で登場したAさんを、直ちに解雇することは難しいようです（本章3(1)参照）。

　社員が、債務の本旨に従った労務の提供が可能な限り、解雇ではなく、前述した「配転」、「職位の降格」といった制度を利用した対処法が考えられるところですが、債務の本旨に従った労務の提供が不可能な場合には、どのような形でAさんを遇することが考えられるのでしょうか。

　たとえば、週5日、毎日8時間の勤務をしていた社員が、毎日5時間だけの勤務や週3日あるいは4日だけの出勤といった勤務形態を求めてきた場合に、会社はどう対処すべきでしょうか。このような勤務形態は債務の本旨に従った労務の提供とはいえないと思われますので、会社として社員からのその申し出を受け入れる必要はありません。

　とはいえ、会社が私傷病を患った社員に対してこのような時短勤務を認めた実績があれば、後にやはり当該社員の解雇に踏み切らざるを得ない場合になった際、解雇の社会的相当性が認められやすくなると思われます。

　そのほかに、後述する「休職制度（本章4参照）」を利用して、社員が治癒するのを一定期間待つ等の手続を踏むことで、社会的相当性の要件が認められやすくなると考えられます。

第5章 うつ病によって勤務が困難となった社員への対処法(休職期)

4 休職制度

(1) これまでの休職制度の活用の限界

　これまで、社員が債務の本旨に従った労務の提供義務を果たせないと判断されても、解雇は簡単には認められないことを述べました。本章1(1)で登場したAさんも、債務の本旨に従った労務の提供をする義務を果たしえないと判断されるとしても、その事実だけから直ちに解雇することはできません。
　ところで、一般にどこの会社でも、就業規則中に、社員の「休職」に関する規定を設けていると思われます。本章1(1)で登場したAさんのように債務の本旨に従った労務の提供義務を果たせない社員に対しては、この休職制度を活用することが考えられます。
　しかし、これまでの休職制度は、社員の私傷病として、再発せずに完治する病気(趣味のスキーで転倒して骨折した場合等)を前提として作成されていた面があることは否定できません。現在問題となっているうつ病等の精神疾患は、再発を繰り返す場合があるという特殊性があり、また完治までに長時間を要する場合もしばしばです。したがって、従来の休職制度の範疇では対応しきれない部分がどうしても出てきてしまいます。
　休職規定を会社のリスクマネジメントの観点から早期に見直すことが望まれており、本書はそのモデルを第6章において提示しています。

(2)「休職」の定義

　本書では、休職を、「社員に債務の本旨に従った労務の提供をさせることが不可能な事由が生じた場合に、会社がその社員との労働契約関係を維持したまま、社員の申請(社員と合意した場合を含む)または会社の裁量により、社員の労務提供を免除する制度をいい、社員の申請(社員と合意した場合を含む)による場合には、社員に債務の本旨に従った労務の提供をさせることが不適切な事由が生じた場合を含む」と定義します。
　すなわち休職は、社員が「債務の本旨に従った労務を提供する義務(本章2(1)参照)」を果たせない場合(「不可能」な場合)にこそ認められるのが原則です。しかしながら、「債務の本旨に従った労務を提供する義務」を実際に果たしているのか否か、今後も果たしうるのか否かの判断は、微妙な場合が多いと

いうことは既に指摘したとおりです（本章2（4）参照）。このような微妙な判断が伴うことも考慮して、本書では、「社員の申請（社員と合意した場合を含む）」による場合には、「債務の本旨に従った労務を提供する義務」が充分に果たせない場合（「不適切」な場合）も休職の定義に追加しました。債務の本旨に従った労務提供が不充分ながら可能な社員であっても、社員からの申請がある場合、会社として休職を認めてしかるべきでしょう。会社がその申請を無視することで、安全配慮義務の一内容としての増悪防止義務違反に問われる可能性すらあります。

また休職は、会社がその社員との労働契約を維持することが前提になる点が特徴的です（解雇とは大いに異なるわけです）。

前述したように休職は、社員の申請によることがまず考えられます。労働契約の存廃およびその内容の決定は基本的に労使間の合意に基づきますので、まずは、うつ病に罹患した社員自ら労働契約は維持したいと考えた場合に、労働契約の変更の申込みとして、休職の申請をすることになります。もちろん、この申請に対し、会社が応じるかどうかは会社の自由です。さらに休職は、社員の申請による場合のみならず、会社の裁量により、すなわち会社が社員の申請なくして休職命令を出せるところにもその特徴があります（後述本章4（6）参照）。ただし休職命令は、「債務の本旨に従った労務の提供義務」を果たせない場合に限られます。

- 債務の本旨に従った労務の提供義務が全く果たせない（＝不可能）
  →社員の申請＆会社の裁量
- 債務の本旨に従った労務の提供義務が充分に果たせない（＝不適切）
  →社員の申請のみ

（3）休職制度の意義（企業のリスクマネジメント）

休職制度を労働契約の側面から見ると、社員側の個別要因により労務提供ができずに債務不履行になった場合でも、直ちに解雇するのではなく、当該社員の解雇を猶予するための制度ともいえます（後記本章4（4）参照）。このような恩恵的な制度を設けるか否かについては、会社の自由裁量に委ねられており、法的に直接強制されるものではありません。

しかし、精神疾患に罹患する可能性はいつでも誰にでも起こりえます。「精神疾患にかかると即解雇される」という不安感があると、社員も伸びやかに職

第5章 うつ病によって勤務が困難となった社員への対処法（休職期）

務を行うことはできないでしょう。会社の手厚い制度が存在すればこそ、この会社のために働こうという意欲が、社員に芽生えるという面もあります。休職制度を上手に活用して社員が完治し、無事に復職できれば、後日休職の有効性等について面倒な問題に発展することはほとんどないはずです。

また、うつ病になった場合、今後の治癒の見込み等が全く不明であることも多く、直ちに解雇してしまえば、後に社員が解雇の有効性を争ってくる可能性があります。休職であれば、とりあえず様子をみるという手段をとり、回復できなければ自然退職とすることも可能となります。

特に少数精鋭主義の企業が増えている現況において、企業が戦力として投資・教育してきた社員がメンタルヘルス不調により退職してしまうことは大きな人的資源喪失につながることにもなります。

さらには、企業が精神的に不調と考えられる社員を働かせ続け、健康状態が悪化したり、最悪は社員が自殺したりした場合の責任を追及されることを避けるためにも、休職制度を設ける意義があります。

つまり会社は休職制度を経営上の目的達成やリスク回避のための重要な施策の一つとして位置づけることが大切です。

（4）休職の根拠

業務外の原因でうつに罹患した本章1（1）に登場したＡさんを、会社が休職させることができるとして、それはどのような根拠に基づくと考えるべきなのでしょうか。

既に本章4（3）の休職の意義でも述べたところですが、休職制度の特徴は社員と労働契約関係を維持しつつ労働を免除するものであることからすると、労務の提供ができなくなった社員については解雇を恩恵的に猶予する制度であると考えるのが素直でしょう。もっとも、労務の提供ができなくなったとはいえ、解雇できる状況とまではいえない社員や、労務の提供が不能になったとまではいえないが、その程度が不充分な社員については、客観的に会社に解雇権が発生しているとはいえない以上、解雇の猶予ではなく、むしろ、当該社員の健康状況をさらに悪化させないようにすべき安全配慮義務の履行のための一手段として位置づけられるとも考えられます。休職制度の意義はこのように複合的でありえます（さらにいえば、社員が希望した場合に休職を権利として認める制度等も考えられますが、本書で想定する休職制度はここまでの権利性を前提としないも

のとします)。

　すなわち、このような休職制度を設けておくことにより、休職時に解雇の(厳しい)要件が満たされていない場合にも、ひとまず社員を休職させて、休職期間満了後に退職とすることにより、解雇の有効性をめぐって社員とトラブルになることを防ぐことができ、本章4(3)で述べたように、休職は企業防衛としても意味をもつことになります。

　労働契約法第5条は、「使用者は、労働契約に伴い、労働者がその生命、身体等の安全を確保しつつ労働することができるよう、必要な配慮をするものとする」と安全配慮義務を規定しています。安全配慮義務の概念は拡大的に解釈される傾向にあり、ここでいう「生命、身体等の安全」の中には、「心身の健康」も含まれると解釈されています。したがって、メンタルヘルス対策を会社が怠ると、場合によっては債務不履行責任を負うことがありえます。とはいえ、会社が精神疾患に罹患した社員を休職させなければならない義務を負う、と考えると、義務に対応する形で、社員には、その義務を履行するように求める「権利」が観念できることになりかねません。業務上の疾患であれば格別、私傷病を患った社員に対してまで、そのような強い立場を認めるのは甚だ疑問です。休職の判定が微妙であることを考えると尚更でしょう。したがって、会社が負う安全配慮義務の内容としては、休職も含めたさまざまな対応策を検討・実施することを超えて、社員の求めがあれば常に休職させるべき義務を一般的に負うことまでは求められていないものと考えられます。

(5)「債務の本旨に従った労務を提供する義務」の有無の判断
＝就業継続の可否(休職の要否)の判断

　休職は原則として、社員が「債務の本旨に従った労務を提供する義務(本章2(1)参照)」を果たせないことが前提となります。この「債務の本旨に従った労務を提供する義務」を実際に果たしているのか否か、今後も果たしうるのか否かの判断は、実際には微妙な場合が多いということは既に指摘したとおりです。

　◆ **判例紹介・富国生命事件**(東京高裁平成7年8月30日判決・労判684号39頁)
　本件は就業継続の可否が問題となりました。すなわち、頚肩腕症候群と診

第5章 うつ病によって勤務が困難となった社員への対処法(休職期)

> 断された社員に対し、会社が通常勤務に堪えられないと判断して就業規則(本人の帰責事由により当該業務に従事することが不適当と認めた場合、その他やむをえない事由があると会社が認めた場合)に基づき、6か月の休職が命じられた事案です。裁判所は、頸肩腕障害にかかったことや将来再燃・増悪する可能性があることなどが社員の帰責事由とはいえないとし、また、社員が出勤の申出をし、通院はしていたものの就業時間外であり平均的な業務に就いていたことから休職事由に該当しないと判断しました。

　それではその判断、すなわち、社員の就業継続の可否(休職の要否)の判断はどのようにすべきなのでしょうか。本章1(1)で登場した無断欠勤が続くAさんは、就業継続が不可能(休業が必要)なのでしょうか。

　まず、社員自身に就業不可能の認識がある場合には、社員と会社で双方話し合いをすることにより、社員との合意の上で休職させることができると考えられます。就業継続の判断がそもそも微妙であることを考えると、社員と合意をしておくことはリスクマネジメントとしては最良の手段といえるでしょう。合意さえあれば、債務の本旨に従った労務の提供が「不適切」な程度にとどまる場合でも休職させてよい、というのが本書の立場です。

　一方、会社からみて就業が不可能であるにもかかわらず、社員が「まだ働ける」と言って会社側と意見が対立する場合には(うつ病の社員は、「自分はまだ働ける、働かせてほしい」と言うことが多いといわれます)、会社の指定医(専門家)の意見を聞き、就業継続不可能の判定を出してもらうことが必要になります。会社の指定医の手による就業継続の可否について書かれた診断書があれば、会社としては大きなリスクマネジメントになるわけです。ちなみにうつ病に罹患した社員の主治医の意見や診断書は、社員に迎合した内容になりがちといわれていますので、ここでは、会社が信頼を置く医師からの意見や診断書を準備することがポイントになります(現実には、主治医や患者の言いなりになってしまう産業医も少なくないようですので、会社の立場を理解することができる産業医を選択したいところです)。医師の判定の結果、客観的に労務の提供が不可能な状態の場合、会社は社員に対して休職命令を出すこともできます(後述本章4(6)参照)。

　うつ病による休職の要否の判断は以上のとおり困難を伴いますので、これらの内容は、社員とトラブルにならないためにも、就業規則に定めておくことが

望ましいといえます。すなわち、会社が必要と認める場合には、会社の指示する医師の診断を受けるように命ずることができるような規定（受診命令を認める規定）を置くことが望ましいといえます（電電公社帯広局事件・最高裁昭和61年3月13日判決・労判470号6頁）。具体的には、**第6章**「**モデル休職規程**」第5条を参照してください。

就業規則に定めがなくても、会社は、社員に対して指定医の受診を指示できるかという、受診命令の可否の問題については、以下の裁判例があります。

> ◆ **判例紹介・空港グランドサービス事件**（東京地裁平成3年3月22日判決・判時1382号29頁）
>
> 　本件は、社員が筋々膜性腰痛に罹患し、会社における勤務環境を熟知していた嘱託医らが数度にわたり業務と腰痛との相当因果関係を認める診断をしていた事案である。社員が会社の指定した医師の受診を拒否した事実を過失相殺として斟酌できるかが問題となった。
> 　本件では社員の選択した医師の診断書には診断結果のみが記載され診断根拠が全く記載されておらず、裁判所は、社員の選択した医療機関の診断に疑問が生じることが合理的であるような場合には、社員は会社指定の医師による受診に応じる義務があると判示し、会社の出した受診命令を適法とした。

（6）休職命令が出せるか

ここに休職命令とは、就業不可能な（債務の本旨に従った労務の提供が不可能な）社員に対し、会社が休職を命ずることをいいます。

会社から見て就業継続が不可能であるにもかかわらず、社員が「まだ働ける」と言って会社側と意見が対立する場合に備えて、会社が休職を命じるべき場合として、「私傷病により当該社員が会社に提供すべき通常の労務ができず、業務に支障をきたすとき」といった規定を準備しておくことが考えられます（**第6章　休職規程モデル**第4条2項3号）。とはいえ、この債務の本旨に従った労務の提供ができるか否かの判断自体が現実には微妙なものですから、会社の指定医（専門家）の意見を聴き、就業継続不可能の判定を出してもらうことがリスクマネジメントの観点から大切であることはすでに述べました。このような手順を踏み、医師の判定の結果、客観的に労務の提供が不可能と診断された場合にこそ、会社が社員に対して休職を命令できるとしたほうが問題は少ない

第5章　うつ病によって勤務が困難となった社員への対処法（休職期）

でしょう。

　社員の申請なしには休職を命じることができないとなると、客観的に労務提供を継続させるにふさわしくない社員がいても、会社は何ら対策をとることができないこととなり、会社の業務の遂行にとって著しい弊害が生じてしまいます。そこで、就業規則に要件を明記したうえで（**第6章**　モデル規程第4条参照）、これらの要件に該当する場合は、社員の申請がなくても、会社の裁量で休職を命じることができるとすべきです。

　会社が休職命令を出すには、すでに述べたように、社員が就業不可能であること、すなわち、債務の本旨に従った労務の提供ができないことが要件となります（本章4（2）参照）。

　そして、債務の本旨に従った労務の提供ができるかどうかについては、個々の労働契約の解釈により、判断をしていくこととなります（本章2（1）、同（2）参照）。本章2（2）で述べた片山組事件判決（最高裁第一小法廷平成10年4月9日判決・判時1639号130頁）によれば、労働契約の性質から合理的に判断し、社員が他の業務に就くことが許されているような場合には債務の本旨に従った労務の提供ができるのでその業務に配置転換すべきであり、それをせずに休職命令を出すことは違法になります。逆に、労働契約の性質が他の業務における労務の提供を認めていない場合には、債務の本旨に従った労務の提供がないことになり、休職命令を出すことができると考えられます。

（7）休職期間の程度

　会社が本章1（1）で登場したAさんに休職命令を出せる場合、その休職期間はどの程度にすることが適切なのでしょうか。

　休職期間の長さは会社によってまちまちですが、「1年以上」等あまりに長くなると、社員が職場復帰後に職務に適応できない可能性があり、また会社の支払う社会保険料も増えるなど、会社にとって負担が大きくなります。一方、休職期間を短く設定しすぎると、一般的な欠勤に近くなり休職期間を設けた意味が薄れ、休職期間満了後に退職する規定があった場合に退職までの期間が短く、休職が恩恵的な意味を持たず、実質的な解雇と評価されてしまう可能性があります。したがって、だいたい3か月から12か月程度の期間を就業規則で定めておくのが適当です。

　期間の設定については、社員の会社に対する貢献度を考慮し、社員の勤続年

数に応じた休職期間を規定する場合が多いようですが、比例させなくとも違法というわけではありません(**第6章**「休職規程」**第7条**参照)。

　休職期間は基本的に会社が設定することになりますが、あまり短い期間を設定すると、先ほど述べたように休職期間満了後の退職が実質的な解雇に当たるとして、争われる可能性がありますので気をつけましょう。

　また、たとえば、社員が復職を求めてきたけれども、治癒したかどうか判断できない場合等復職の判断が困難な場合に備えて、休職期間を延長できる旨を就業規則に定めておくとよいでしょう。

第5章 うつ病によって勤務が困難となった社員への対処法（休職期）

5 休職期間中の労務管理

本章1(1)で登場したAさんが、会社からの命令で休職をすることになりました。休職期間中のAさんを、会社として無視・放置しておいてもよいのでしょうか。

（1）休職期間中は、社員の生活をどの程度管理すべきか

社員がうつ病により休職した場合、休職期間中に社員と連絡を取るべきでしょうか。連絡を取る場合、どの程度、どのような方法によるべきでしょうか。

まずは、これから休職期間に入る社員との間で、休職期間中の会社と当該社員との連絡の取り方について、以下に述べるような点について確認の上合意をしておくことが望まれます。

休職中でも社員との雇用契約は継続しており、会社の一員として社員の症状を把握しておく必要はあります。社員の状態を把握しておかないと、復職見込み等についての判断もできず、会社としての人員調整の必要性の判断もできません。社員の症状を確認し、改善を図っていくためにも月に1、2回程度のコミュニケーションを取ったほうがよいといえます。

休職中の社員との連絡の取り方の例としては、社員に報告書（レポート）を提出してもらい、それに対して人事担当者がコメントをつけて返す等の方法があり、社員が任意に報告をしないような場合には人事担当者が出向いて面談するなどの方法も考えられます。社員の費用で定期的に診断書を提出してもらう方法もあります。社員の健康情報について、原則として、本人の同意なしに第三者（本人の家族も含む）に開示することはできませんので、情報漏えいを防止するため、社員の健康情報の管理には万全を尽くす必要があります。

社員が入院している等、社員から直接報告を受けるのが現実的でない場合には、家族から報告を受けることになると考えられます。

（2）報告義務を課せるか

会社は休職中の社員に対し、報告義務を課せるでしょうか。

社員は休職中には労務提供義務を免除されているため、労務提供義務を根拠に報告義務は課すことはできないと考えられますが、労働契約関係は存続して

いる以上、信義則上の義務の一つとして社員は報告義務を負うと考えることもできるかもしれません。もっとも、報告義務については就業規則に定めておくほうが無難です。

(3) 休職中の活動の制限

　休職中の社員の活動は制限されるのでしょうか。たとえば、社員が休職中に旅行に行くことはできるのでしょうか。

　うつ病に限らず、社員が病気またはけがで休みをとる場合、その間の活動は、社員が自身の健康を取り戻すためのリハビリの範囲内で許容されると考えるべきでしょう。ただし労務提供義務を免除して休職させる以上、あまりに細かい指示や広範な制限は適切でないと思われますから、通常は、「休職中の生活については主治医の意見に従うこと」といった程度になる場合が多いと考えられます。

　リハビリの範囲内といっても社員の病状によって許容範囲は異なってくるため、休職中の活動については、産業医や主治医の意見を充分に聞いたうえで、社員との間で休職期間に入る前に、あらかじめ許容範囲を決めておくとよいでしょう。

〈コラム：メンタルヘルスコンサルタントの立場より〉
休職後の労務管理の難しさ

　コンサルティングをしていると、休職中の社員の行動についてよく相談を受けます。病気で休職しているのだから、家か病院でおとなしくしているだろう、というのは大きな誤解で、他の社員から、パチンコや競馬に興ずる姿の目撃情報が寄せられたりして、人事労務部門では対応に苦慮することもあります。

　また、きちんと服薬せずに回復が遅れることもあり、休職中の社員の管理は難しいものです。

　そんなトラブルを未然に防ぐ手立てとして、休職に入る社員に、『休職の手引き』を作成して手渡す、という方法があります。これは就業規則における休職・復職の部分の抜粋と、それに付随する日常の注意事項に関して記載するものです。

　内容としては、休職中も社会保険料の支払義務があることや、日々の過ごし方から旅行の制限などに至るまで、プライバシーを尊重しつつも、労務管理を意識した内容でなくてはなりません。当然のこととして、復職に関する

第5章 うつ病によって勤務が困難となった社員への対処法(休職期)

ルールなども記載しておきます。

　休職に入る際は、本人だけでなく、配偶者がいる場合は同席してもらうとよいでしょう。産業医にも出席してもらい、病気の特徴や、休職中の過ごし方について、改めて説明してもらいます。人事労務部門の担当者から聞くより、医療の専門家(医師)から聞くほうが、納得感があるものです。

　休職の手引きを用いた管理職研修も効果があります。いざメンタル疾患で休職となったらどういった処遇になるのか、普段から理解させておくこともトラブル防止の基本ではないでしょうか。

6 休職を繰り返す社員への対処

　休職期間の満了の直前に復職し、出社後数日したら再度休職を求めてくる等、うつ病による休職と復職を繰り返す社員に対しては、会社としてどのような対処をすべきでしょうか。

　まず会社としては、休職、復職を繰り返すような社員の病状を正確に把握して、就業継続の可否を的確に判断することが大切であると考えられます。

　休職と復職を繰り返すような社員の場合、現在の職務の継続は難しいことが多いと考えられますので、まずは労働契約の合理的解釈のうえ許されるのであれば、配転などにより債務の本旨に従った労務の提供をさせることができないかを検討する必要があります（本章2(2)参照）。

　休職と復職を繰り返す場合、数回の休職期間の日数を通算して休職期間が満了したということができるかどうかが問題となりますが、就業規則に数回の休職期間を通算する旨の規定を入れておけば通算することができます。

　通算が可能なのは、同一の疾病による休職に限られるという考え方がありますが、同一の疾病の場合以外でも通算が適法とされた例もあります（日本郵政公社（茨木郵便局）事件・大阪地裁平成15年7月30日判決・労判854号86頁）。精神病疾患などでは、同様の疾患でも違う病名がつくこともあり、疾病と疾病の境界が曖昧な場合もあります。よって、少なくとも同一・類似疾病については、通算する旨の規定をおくべきでしょう。

　就業規則に通算する規定がなかった場合でも、実質的に業務に堪えられないときは普通解雇事由に該当するとして解雇することも考えられますが、解雇の有効性を争われる可能性があり、就業規則に通算の規定を置いておくほうが望ましいといえます。

　なお、休職していた社員の復職の判定にあたっては、復職判定委員会（人事部責任者、所属部門責任者、産業医）を設置する慎重さも求められます。これは、慎重に協議をした上で正確に状況把握をするとともに、特定の個人に解雇の判断責任を集中させない配慮に基づきます。しかしながら、復職判定委員会はあくまでも最終決定者（業務執行責任者、会社）への上申機関ですので、最終的には会社として判断することになります。復職判断については、**第7章**を参照してください。

第5章 うつ病によって勤務が困難となった社員への対処法（休職期）

7 休職期間の満了と自動退職

　休職期間満了後に社員を復職させず、雇用契約を終了させることができるでしょうか。すなわちこのような場合に、労働者の意思によらない退職（自動退職）が認められるのでしょうか。
　社員が復職を希望するのに復職させなかった場合、実質的な解雇であるとして解雇権の濫用であると争われる可能性があります。したがって解雇の場合と同様の慎重な判断が必要です（本章3参照）。もっとも、休職制度（本章4参照）を利用して、社員が治癒するのを一定期間待つ等の手続を踏んだことで、解雇の要件である「社会的相当性」の要件が認められやすくなるとは考えられます（解雇の有効性の判断においては、これら以外の要素も斟酌されます）。
　後のトラブルの防止のために、休職期間満了時に治癒しなければ自動的に退職となる旨を就業規則に定めておくことが望ましいでしょう。休職期間満了時に治癒の判断をする場合においては、治癒が認められない時には、会社は改めて解雇の意思表示をするのか、それとも休職期間満了をもって休職前の労使事前合意による退職となるのかについて、休職規程で明確にしておく必要があります。解雇の場合は解雇予告手当（または解雇予告）の対象になりますし、それ自体が濫用になっていないことが前提となります。
　社員が休職に入る前にその旨説明しておけば、よりよいと思われます。
　なお、本書では休職の定義の中に、「社員からの申請による労務提供が不適切な場合の休職」も含めて考えています（本章4（2）参照）。この範疇に属する社員は、そもそも休職に入る際に、いまだ「債務の本旨に従った労務の提供」が不可能な状態に至っていたわけではありません。すなわちその時点では、解雇の「合理的理由」の要件を充足していないことになります（本章3（1）参照）。とするならば、休職期間満了時に、「社会的相当性」のみならず解雇の「合理的理由」も含めて、退職の要件が充足されているか否かを、より慎重に判断することが必要になります。

〈コラム：産業医の立場より〉
うつ病により休職が必要となった場合

　不幸にして、仕事をしながらの外来通院では病状が改善しなかった場合、負荷の軽減のためにも休職が必要になることもあります。限界を感じた本人から主治医の診断書を持参の上、休職の申し出があることが多いですが、限界を感じていても「自分が休んだら周りの人に迷惑をかける」という責任感から、業務をこなせる状態ではないのに休むことのできない人もいます。

　このようなケースでは産業医面談を組み、産業医から休職の必要性を意見してもらいます。その過程で精神科主治医に意見を求める必要がある場合には、本人の了解を得て、産業医から精神科主治医に対し、書面で情報を照会することとなります。その際、精神科主治医は本人にとって不利益になることを心配し、本当の病名を伏せて「不眠症」や「自律神経失調症」といった病名を書くことが多いようです。休職の判断において正確な情報が必要であれば、主治医への情報照会用のフォーマットをあらかじめ作り、診断名は国際的な疾病分類であるICD-10やDSM-Ⅳで書いてもらうなどとすることもできます。

　休職中は、特に入院を要するような重症なケースでは会社からの連絡ですら負担になる場合が多く、本人に連絡したいときや病状を聞きたい場合には、本人ではなくご家族に窓口になってもらったほうがよいこともあります。うつ病の治療においては本人がしっかり休養をとれるようにするためにも家族のサポートが不可欠ですので早期から協力をとりつけましょう。

第6章
モデル休職規程

1 休職規定とは

(1) 休職制度の意義

　私傷病による休職制度は、社員に、労務を提供することが不可能な事由が生じた場合、労働契約関係を維持しつつ、社員の申請または会社の裁量により、社員の労務提供を免除する制度です。

　これを労働契約の側面から見ると、社員側の個別要因により労務提供ができずに債務不履行になった場合に当該社員の解雇を猶予するための制度ともいえます。

　このような雇用保障のための恩恵的な制度を設けるか否かについては、会社の自由裁量に委ねられており、法的に直接強制されるものではありません。

　しかし、休職制度があることによる雇用継続に対する安心感醸成と心身の健康回復は、社員に対する人事労務面での配慮のみならず、企業の生産性の向上にもつながるとの考え方が重要視されるようになってまいりました。

　また、うつ病になった場合、今後の治癒の見込み等全く不明であることも多く、すぐに解雇としてしまえば、社員が解雇を争うリスクが高まります。休職であれば、様子をみるという手段をとり、回復できなければ自然退職とすることが可能です。

　特に少数精鋭主義の企業が増えている現況において、企業が戦力として投資・教育してきた社員がメンタルヘルス不調により退職してしまうことは大きな人的資源喪失につながることにもなります。

　さらには、企業が精神的に不調と考えられる社員を働かせ続け、健康状態の悪化、最悪は社員の自殺となり、健康配慮義務不履行によりその責任を追及されることを避けるためにも休職制度を設ける意義があります。

つまり休職制度を経営上の目的達成やリスク回避のための重要な施策の一つとして位置付けることが大切です。

(2) 休職制度の留意点

私傷病による休職を解雇の猶予として社員に取らせた場合、休職期間満了時に治癒の見込みがない場合には、企業は当該社員を解雇できると考えられます。

しかしながら、休職期間満了時に治癒の判断をする場合においては、治癒が認められない時には、会社は改めて解雇の意思表示をするのか、それとも休職期間満了を持って休職前の労使事前合意による退職となるのかについて、休職規程で明確にしておく必要があります。

解雇の場合は解雇予告手当（または解雇予告）の対象になりますし、それ自体が濫用になっていないことが前提となります。

また、病気の原因が業務であるとの主張を社員側がすることも少なくなく、会社がそれを認めた場合は、解雇制限の期間についても留意しておくことが必要です。

さらに、休職制度の適用にあたっては、正社員と同視すべきパートタイム労働者（短時間労働者）の待遇を差別的に取り扱うことをパートタイム労働法で禁止しているため、休職制度が適用される社員の範囲についても注意が必要です。

(3) 休職規程の活用の仕方

健康情報は重要な個人情報であり、その取り扱いには原則として本人の同意が必要です。また、会社の指定医の健診についても、何の根拠もなく受診を命令することはできません。

そこで、健康配慮義務を履行する目的で行う業務命令として、医療情報を提出させたり、会社指定医の受診をさせたりするための根拠として、休職規程を活用することができます。

また、休職申請から復職に至るまでの手続きや認識を労使共通としておくことで、無用の労使トラブルを事前防止し、休職する社員が安心して療養に専念し、復職を目指すために活用できます。

2 モデル休職規程

以下、モデル休職規程を紹介します。条文毎に、規程作成の考え方、規程の適用の仕方等を解説しています。

モデル休職規程

> （目　的）
> 第1条　本規程は、会社の社員の私傷病による休職について、会社の発令要件、社員の手続上の遵守事項等を定めるものである。
> 　2　本規程に定めのない事項については個別の雇用契約、就業規則の定めるところによるものとする。

解説

1　休職規程（休職制度）は法律上の制度ではないため、このような任意の制度を設けるかどうかは会社の自由裁量によります。
　したがって休職制度の内容（休職事由、休職期間など）については会社が就業規則に定めることにより自由に決めることができますが、パートタイム労働法や男女雇用機会均等法が禁じる不当な差別にならないような注意が必要です。また、労働協約によって決めることも可能です。

2　このモデル休職規程で取り上げるのは、私傷病、すなわち業務上の傷病を除く業務外の傷病についての休職制度です。社員が業務上の傷病と考えていても（セクハラ・パワハラ・過労など）、会社が業務外の傷病と判断していれば、本休職規程が適用されることになります。私傷病か否かが問題となった場合、最終的には、労働基準監督署や裁判所の判断によって決着が付けられることになります。なお、私傷病か業務上傷病かの判断がつきかねる場合は、とりあえず私傷病として本休職規程を適用します（うつ病等の精神疾患の場合はほぼこれに該当すると思われます）。
　うつ病により債務の本旨に従った労務提供ができない場合でも、すぐに解雇してしまうのには躊躇する場合も多いと思います。そこで、まず休職をはさみ、その後回復できない場合に労働者の意思によらない自動退職とするのが穏当です（本規程第13条第1項参照）。

第6章　モデル休職規程

> **（定　義）**
> 第2条　本規程において、次の各号に掲げる用語の定義は、当該各号に定めるところによる。
> 　1　私傷病　業務外の傷病をいう。
> 　2　治癒　従前の職務を通常の程度に行える健康状態に回復することをいう。

解　説

1　本規程は、私傷病による休職について規定するものですから、労災や会社事由による休業はこの制度（規程）の対象外であることを明記する必要があります。

2　「治癒」とは、「従前の職務を通常の程度行える健康状態に復したとき」であり、従前の職務を行える状態までに健康状態が回復していない場合には、復職は原則として認められません。
　しかしながら、第13条解説部分で紹介する判例により、社員の復職の判断にあたっては「治癒」の定義をより広義に見なければならないケースもあります。

> **（本規程の適用範囲）**
> 第3条　本規程の適用対象は、私傷病を理由とする休職を必要とする、本採用後の正社員に限るものとし、それ以外の契約社員、アルバイト、嘱託社員等に対しては適用しない。

解　説

1　契約社員、アルバイト、嘱託社員についてまで休職規程を適用すると、労務管理が困難となることから、適用対象を正社員に限る旨規定しています。もっとも、正社員以外の社員であっても、長期間の継続雇用を前提としており、実態が正社員と変わらなければ、休職規程を適用しないのは差別的取り扱いとされて、正社員と同様に扱うべきとされるおそれがあります。

2　平成20年4月1日施行の改正パートタイム労働法では、正社員と同視すべきパート労働者（正社員と仕事の内容や責任などの職務が同じで、人事異動の有無や範囲などの人材活用の仕組みも全雇用期間を通じて同じで、かつ、雇用契約期間が実質的に無期契約となっているパート労働者）のすべての待遇（賃金の決定、教育訓練の実施、福利

厚生施設の利用その他の待遇）について差別的に取り扱うことを禁止しています。

つまり上記に該当しない契約社員、アルバイト、嘱託社員について休職規程の適用範囲外とすることは可能です。

（休　職）
第４条　会社は、社員が主治医の診断書を添付して休職の申請をしたとき、休職を命じることができる。
２　会社は、社員が次の各号の１つに該当するときは、社員の申請がなくとも、休職を命じることができる。
　一　私傷病により１ヶ月以上継続して欠勤しても、その傷病が治癒しないとき。
　二　私傷病により欠勤し、その最初に欠勤した日から２か月間で、欠勤（遅刻・早退を含む）の合計回数が10回に達しても、その傷病が治癒しないとき。
　三　私傷病により当該社員が会社に提供すべき通常の労務ができず、業務に支障をきたすとき。
　四　その他前各号に準ずる理由があり、会社が休職させる必要があると認めたとき。
３　会社は、前２項に該当する場合であっても、その傷病が、第７条に定める休職期間中の療養で治癒すると認めることができない場合には、休職を命じないことがある。

解説

１　休職とは、社員に、労務を提供することが不可能な事由が生じた場合、労働契約関係は維持しつつ、社員の労務提供を免除する制度です。

本条は、どのようなときに休職となりうるのか、その要件を定めた総則的規定であり、本休職規程の根幹をなしています。

労働契約の面からみると、休職制度は、労働者側にその原因があり就労不能により債務不履行の状態になっている社員の解雇を猶予する、恩恵的な制度として設計すべきであるといえます。労働者が一時的に就労不能の状態になっても、その原因がある程度の期間の経過により消滅する可能性がある場合には、会社は当該社員を解雇できないと考えられます（解雇権濫用の法理）。このような場合、会社が当該社員を休職させる法的義務を負うこともありうると考えられますが、休職させるべきか解雇すべきかの判断が困難である以上、こうした休職義務

第6章　モデル休職規程

（労働者側からいえば休職を求める権利）を就業規則で定めることは避けるべきです。

　また、労働者が債務の本旨に従った労務の提供ができていないとまでいえない、すなわち解雇権が発生していない状態であっても、休職させたほうがよいと思われるケースもあります。そこで、本条第1項において、労働者本人の申請により、会社が休職を認めることができる旨の規定も置きました。

2　まず、第1項で休職の手続について規定しています。

　本規程では、原則として社員側から診断書提出のうえ申請を受けた場合の休職手続を定めました。

　これは、労働契約の存廃およびその内容の決定は、基本的に労使間の合意に基づくものであることをその根底においています。すなわち、社員が、自ら、私傷病のため、会社に迷惑をかけたくはないが、労働契約そのものは維持したいと考えた場合に、労働契約の変更の申込みとして、休職の申請ができるとしたものです。もちろん、この申請に対し、会社が応じるかどうかは、会社が次条以下に基づき、裁量により判断することになります。

3　本条2項および各号は、例外的に、一定の要件のもと、会社の独自の判断で、一方的に休職命令を発することができることを規定したものです。

　社員の申請なしには休職を命じることができないとなると、客観的に労務提供を継続させるにふさわしくない社員がいても、会社は何ら対策をとることができないこととなり、会社の業務の遂行にとって著しい弊害が生じます。

　そこで、要件を明記したうえで、これらの要件に該当する場合は、社員の申請がなくても、会社の裁量で休職を命じることができると規定しておく必要があります。

　各号の要件は、労働者の労務の提供という債務を履行できない状況が続き、対価としての賃金を支払うにふさわしくなく、休職を命じるべき場合について個別に規定しています。

4　基本的には、私傷病により連続して欠勤する場合が典型的ですが（1号）、特にうつ病の場合、一時的に回復するたびに断続して出勤する場合、さらには、欠勤するほどではないが、出勤しても求められる通常の勤務ができない場合などもありえます。そのような場合、会社の業務遂行にとって、著しい弊害が生じることは、連続欠勤の場合と変わりがありません。

　そこで、連続欠勤した場合だけではなく、断続欠勤の場合でも、通算した欠勤日数が一定に達した場合や、欠勤していなくても通常の勤務に堪えられないと判断した場合も休職理由に加えました（とはいえ、

債務の本旨に従った労務の提供の有無の判断には困難を伴いますので、医師の診断書等の客観的な資料を備えておくことが、会社にとってリスクマネジメントになります）。

　なお、各号が例示列挙であることを示すため、各号と同様の理由により、会社の円滑な業務遂行のために休職を命じることができるよう、4号を設けました。

5　なお、第2項により休職命令を発令することができる場合であっても、会社としてはまず第1項に基づき休職申請をするよう、社員を説得すべきです。社員が自己の意思に基づき休職を申請した事実は、後日、休職期間満了後の自動退職の効果を争われた場合にも、退職の効果が認められやすくなるものと思われますし、休職期間開始時における労務提供状況について会社側の立証負担が軽減されると考えられます。

6　第3項は、休職期間を定める7条の期間をもってしても、回復の見込みがない場合に、会社の判断で、休職を命じないことができることを規定したものです。

　休職は、労働者が会社に籍を置いたまま、労務提供が可能な程度に回復するため制度ですが、休職期間中に治癒する見込みがないのであれば、この制度を適用する意義に欠けるために設けた規定です。

　実際には、うつ病の場合、当初から治癒する見込みがないと判断するのは困難な場合が多いと考えられますが、たとえば、医師の判断からみて、治癒の見込みがないことが明らかな場合に第3項が適用されることになるでしょう。

（休職の判断）
第5条　会社は、休職の可否を判断するにあたり、社員からその健康状態を記した診断書の提出を受けるほか、会社の指定する医師の意見を聴き、これらの意見に基づき休職の判断をするものとする。

2　会社が休職の判断に必要と認めたときは、社員は、会社に対して主治医宛の医療情報開示同意書を提出し、かつ、会社の指定する医師の診断を受けるものとする。

解説

　本条は、会社が、当該社員に休職が必要か否か判断するに際して、社員の提出する診断書だけではなく、リスクマネジメントの観点から必ず会社でも情報収集することを義務付けた規定です。

　診断書、殊にうつ病の診断書は、医師の主観的な判断が入り込みや

すいと考えられます。しかも、作成を依頼する社員の意図が反映されやすい傾向もあります（特に社員の主治医の場合）。そのような診断書のみでは、会社は適正に休職の要否を判断することはできません。

　そこで、本条1項では、社員が提出した診断書だけではなく、会社が指定した別の医師の意見を休職の要否判断のための必須材料とすることを規定しました。

　また、2項では、1項の必須材料のみならず、さらに会社が必要と判断した場合は、会社が社員の主治医から社員の医療情報を入手できるように、社員にあらかじめ医療情報開示同意書を提出させ、会社の指定する別の医師に診断を受けさせることもできるものとしました。

（休職判断の際の調査）
第6条　会社が、前条の判断をする目的で、社員の主治医、家族等の関係者から事情聴取等を行おうとする場合は、社員は、これに協力しなければならない。

解　説

　私傷病、特にうつ病による休職の要否の判断は想像以上に困難であり、診断書や医療情報などの書面に出てくる情報のみならず、社員に日ごろ直接接している身近な関係者から、生の情報を引き出す必要も生じえます。

　そこで本条は、会社が適正な休職の判断ができるように、会社が社員の主治医、家族等から適切に事情聴取を行う際に、当該社員にその協力義務を課したものです。

（休職期間）
第7条　会社は、休職事由を考慮し、次の期間を上限として休職期間を定める。
　　1　本採用後勤続1年未満の者　3ヶ月
　　2　本採用後勤続1年以上5年未満の者　6ヶ月
　　3　本採用後勤続5年以上の者　12ヶ月

解　説

　1　休職期間の長さは、各社でまちまちです。勤続年数により、休職期間の長さを変えている例が多いのが実情です。

人事労務管理的側面からみると、勤続年数が長くなればそれだけ会社に対する貢献度が蓄積されていること、それまでにかけた人材育成の時間量に比例して戦力としての貢献度も高いと考えられるため、勤続年数が長くなるにつれて休職期間の上限も長く設定するのが妥当と考えられます。

2　但し、休職期間をあまり長く設定すると人員計画管理上の支障や休業者の職場復帰後の職務適応問題が生じることもあります。

また、休職期間中も、会社は社会保険料を負担しなければならず、それなりの負担が発生します。

大企業であれば、休職期間をより長く設定する余力もありますが、中小企業では長くて１年程度とする例が多いと思われます（大企業であれば、傷病手当金の受給できる期間に合わせて、１年６ヶ月までの休職期間を設ける場合もみられます）。

3　休職期間をモデル規程より短くする場合ですが、休職期間満了時に復職できない場合には自動退職とする定めを別途設けるとすると、「１～２ヶ月」という規定では短すぎると考えられます。

休職期間を短く設定しすぎると休職開始から休職期間満了退職（合意退職）に至るまでの期間が短くなり、

・一般的な欠勤との違いが明確でなくなる
・休職期間満了時の治癒の判断（復職の判断）が難しくなる
　　（特にうつ病の場合、期間が短ければ状態に変化がみられる場合が少なく、休職期間をおいた意味が薄れる）
・休職制度が本来の恩恵的性格が薄れる
・自動退職の有効性が否定され実質的な解雇と評価されることもある

からです。

4　精神疾患の療養には時間がかかることもあり、また再発することも他の私傷病より多いのが実情ですが、会社としては社員側要因による私傷病療養のために長期にわたり雇用保障する義務もなく、またその負担も小さくないため、中小企業では１年ぐらいを上限としておくことでよいでしょう。

5　いずれにしても、休職期間の長さについては、各会社の規模、経営状態、業種などの実情を考慮して決めることが大切です。

（休職期間の延長）
第８条　社員から延長申請があったとき、または、社員の状況により延長が必要と判断したときは、会社は休職期間を延長することができる。

> 2　第5条及び第6条の規定は前項の場合に準用する。

解説

1　社員から延長申請のあったときに、会社は必ず休職期間を延長すべきなのではなく、延長することもしないこともできます。
2　会社が延長を必要と判断するのは、たとえば、社員が復職を求めてきたけれども、治癒したのかどうか判断できない場合、休職期間を終了させ自動退職とすると紛争になってしまう可能性があるので、その危険を避けたい場合等が考えられます。
3　もっとも、本条の適用は復職可否の判断をすることが困難である場合に限られるべきであり、社員が復職を希望している場合に不合理な延長を繰り返すと、不当に休職を延長されたとして紛争が生じる可能性があります。
　このような観点から、規定中に「延長の上限」を設けることもありますが、会社にとっての選択肢を増やし、柔軟な対応を可能にするために、本規程では上限を設けていません。

> （休職期間中の待遇、報告義務等）
> 第9条　休職期間中は無給とする。
> 2　本規程により休職する社員は、休職期間中、主治医の指導に従い療養回復に努め、毎月末日限り、治癒の状況および休職の継続必要性等を証した診断書を会社に提出しなければならない。診断書作成費用は社員の負担とする。
> 3　休職中であっても、職務に従事しない他は、就業規則、労働協約、労働契約等関係規程の定めに従わなければならない。
> 4　休職期間中も、社会保険の被保険者資格は継続する。なお、休職期間の個人負担分の徴収方法については、休職開始前に定める取り決めによる。

解説

1　法令で、休職期間中有給とすることを義務づけた規定はなく、無給とすることが可能です。ノーワーク・ノーペイの原則からも、無給とする場合が多いでしょう。
　また、治療中であれば、健康保険から傷病手当金（標準報酬日額の3分の2）が支給されます（1年6ヶ月が限度）ので、社員の生活保障としても問題がありません。（平成23年5月現在）
　実際には、すべて有給とする会社、一定期間有給で、その後無給と

している会社もあります。
2　休職中に、社員の状態を把握しておかなければ、会社はその社員の復職見込み等について判断できず、人員調整の必要も判断できないので、診断書の提出を受ける必要があります。
3　ただ、社員がうつ病で入院をしている場合に、社員本人から報告を受けるのは現実的でない場合があります。その場合は、家族から報告を求めることになるでしょう。

（傷病手当金の支給申請）
第10条　本規程に基づき休職する期間について、会社は健康保険法による傷病手当金の支給申請手続を行う。
2　傷病手当金の支給期間は健康保険法に基づき、同一の疾病又は負傷及びこれにより発した疾病に関しては、その支給を始めた日から起算して1年6月を限度とする。
また、この支給期間中に対象社員が退職した場合は、退職後の傷病手当金の支給申請は社員が行う。

解説

1　健康保険の被保険者（任意継続被保険者を除く）が療養のため労務に服することができない場合は、その労務に服することができなくなった日から起算して3日を経過した日から労務に服することができない期間について傷病手当金が支給されます。
2　傷病手当金の支給額は、1日につき、標準報酬日額の3分の2に相当する金額になります。
3　傷病手当金受給中であっても保険料は免除になりませんし、標準報酬月額の減額改定もできません。

（休業期間中の賞与及び退職金の取扱）
第11条　休職期間中の賞与については、その対象評価期間中に会社に貢献できなかったものとして、賃金規程に基づき計算・決定する。
また、休職期間中については退職金額の算定対象期間に算入しない。

解説

1　社員がメンタルヘルス不調であることのみをもって、解雇したり、いきなり配置転換するなど、客観的に合理的な理由なく不利益な取

り扱いをすることは問題があります。しかしながら、賃金規程などの公平な運用の中で会社に対して貢献できなかった期間を算定対象からはずすことは可能です。

（休職期間中の有給休暇の取り扱い）
第12条　年次有給休暇の付与日数の算定にあたっては、休職期間は継続勤務年数に算入する。
　2　年次有給休暇付与の要件の算定にあたっては、休職期間は勤務を要する日（全労働日）に算入しない。

解　説

1　労基法39条の年次有給休暇にある「継続勤務」とは、労働契約の存続期間、すなわち在籍期間のことを指し、私傷病による休職中であっても「継続勤務」として取り扱わなければなりません（昭和63年3月14日　基発150号）。
　したがって、年次有給休暇の付与日数の算定にあたっては、休職期間中も在籍期間としてカウントして、継続勤務年数の区分に応じた年次有給休暇日数を与えなければなりません。
2　年次有給休暇は、前1年（最初は前6カ月）の全労働日のうち出勤日が8割未満の者については付与する義務がありません。私傷病による休職期間に関して、分母である全労働日の一部とみるのかどうか、分子である出勤日の一部とみるのかどうか、について定めはありません。この規定では、労働義務が免除されている期間だとして分母と分子の両方から、休職期間中の日数を除外する方法を採用しました。

（復　職）
第13条　休職期間満了までに復職しない場合、休職期間が満了する日の経過をもって当然退職とする。
　2　社員は、私傷病が治癒した場合には、速やかに、会社に対して所定の復職申請書を提出して復職を申し出なければならない。
　3　社員が前項により復職を申し出る場合は、主治医の診断書の提出等によって、治癒したことを証明しなければならない。
　4　第5条及び第6条の規定は、本条の場合に準用する。
　5　会社は、社員が治癒したと認められる場合には、当該社員を休職直前の職務に復職させる。ただし、会社は、職種を限定して採用した社員を除き、

必要に応じ、休職直前の職務と異なる職務、職場に配置することができる。
6　前項の結果、会社が社員の業務の軽減等の措置をとる場合には、その状況に応じて降格、給与の減額等の調整をすることができる。

解説

1　復職の判断は、しばしば困難を伴います。社員が復職を希望するのに復職させなかった場合には、社員に解雇無効を争われる可能性があります（規定が自動退職となっていたとしても同じです）。解雇と同様に慎重な判断が求められます。

2　休職期間の満了後に雇用契約の解除を行う場合、あらかじめ就業規則等に定めて周知しておくことが望ましいとされています（平成21年3月23日　基発032300）。また、実際に、社員が休職に入る前にも、満了時に治癒できなければ、退職となる旨を説明しておくほうが、後の紛争防止に資すると考えられます。

3　原則として、復職の申し出は社員が行うものとします。社員が復職の申し出をせず、そのまま時間が経過した場合には、本条第1項により退職となります。また、社員が復職の申し出をした場合でも、社員が「治癒」したと認められなければ、退職となります。この時点で、「社員が今後治癒するかどうか分からない場合」には、退職とすることが可能です。当初休職に入るときと異なり、すでに社員に長期間の猶予を与えているからです。

　復職可能の証明責任は、会社と社員のいずれが負うのかという問題が生じますので、就業規則に社員が休職事由の消滅を証明することを記載し、明記しておくことがトラブルの未然の防止策となります。ここで、社員が客観的に治癒したといえる状態であるのに復職させなかった場合、社員の側から「解雇権濫用で、解雇無効」との主張をされるおそれがあります。社員の主治医が「復職相当」としているときには、休職のときと同様に、会社の指定医の判断を聴き、慎重な判断を行う必要があるでしょう。

　また、判断に迷う場合は、社員を一度復職させてみて、実際に復職相当なのかを検討してみることもありえます。その場合、復職相当でなかった場合には、再度の休職申請をさせることになります（→第15条）。その場合、少なくとも社員の主治医が復職相当との判断を出していなければ、社員が復職してうつ病等が悪化した場合に、会社の責任が問われる可能性もありますので、社員の主治医の診断書をとっておくことが必要でしょう。

4　会社が健康状態を把握しようとして社員に協力を求め、それを社員が拒否するような場合は、解雇が認められる可能性があります。

大建工業事件（大阪地決平成15年4月16日・労判849号35頁）は、うつ病になった社員が主治医ではない医師による証明書なる書面を提出したのみで、主治医や証明書を作成した医師への意見聴取をも拒否し続けていた事案です。この場合、社員は会社において就労が可能であると判断できるだけの資料を全く提出せず会社が治癒したと判断することができなかったので、本件解雇は社会通念上相当な合理的理由があるとされたケースです。

結果的に解雇が認められるとしても、このような紛争を予防するためには、やはり本条第4項のように社員の協力義務を規定しておくべきでしょう。

5　片山組事件（最高裁平成10年4月9日判決・判時1639号130頁）判決を踏まえると、職種の限定なく採用し、配転可能な部署を持つ一定規模以上の企業においては、社員がほかの職務での復職を求める以上、これを認める必要が生じます。

キヤノンソフト情報システム事件（大阪地判20年1月25日・労判960号49頁）では、片山組事件の判決を引用して、会社は残業時間の少ない部門への配属が可能であったはずで、労働者は復職が可能であった。従って、休職期間満了退職は無効と判断しました。これは、会社に対し、労働者の復職時の復帰準備を具体的に求めているといえます。

独立行政法人N事件（東京地判平成16年3月26日・労判876号56頁）は、休職者の職務のレベルを厳格にとらえ、配転可能性について検討しつつも、復職を認めなかったケースです。

本条第5項は、原職への復職を希望する社員に対しても、必要がある場合には配転命令を出すことができるように規定したものです。

6　客観的な数値化が困難な程度の責任の軽減や業務量の軽減措置の場合に給与を減額するのであれば、就業規則にその旨の規定が必要です。

実際には、軽減業務の内容や、育児・介護期間中の社員に対する勤務時間短縮等の措置（育休・介護休業法23条）や深夜・時間外労働の制限等（同法17条・19条など）における賃金等の待遇等他の制度とのバランスなどにより異なる判断がありえますので、実務では、専門家の意見を聞くなど慎重に対応することが必要です。

7　休職していた社員の復職が困難な場合、雇用契約終了という重大な効果が生じることもあるため、復職判定委員会（人事部責任者、所属部門責任者、産業医など）を設置し、その可否について慎重に協議をした上で正確に状況把握をするとともに、特定の個人に雇用契約終了の判断責任が集中しないような配慮も必要です。

しかしながら、復職判定委員会はあくまでも最終決定者（会社＝社長）への上申機関ですので、最終的には会社として判断することになります。

(リハビリ出社)
第14条　会社は、休職者の申請に基づき、産業医等の意見を聞いてリハビリ出社を認めることができる。
2　リハビリ出社については別途定める。

解説

1　リハビリ出社の制度を採用するか否かは会社の裁量です。
2　リハビリ出社の人事労務管理上の位置づけについて充分に検討し、リハビリ出社開始前に労使間で労働条件について明確に合意をしておく必要があります。
　具体的には、賃金支払いの必要性や事故等が起きた際の災害補償のあり方について明確にしたうえで、労災の対象とならない場合に備えて各企業において民間の保険に加入する等の措置を講ずる必要があります。
3　基本的な考え方として、リハビリ出社は医療行為であり、社員の労務提供ではないという位置づけで規定を整備すべきです。つまりリハビリ出社中は業務命令が発生することがないため、業務災害及び通勤災害の補償対象にはなりません。業務遂行することが目的ではなく、規則正しい生活ができるようにする医療行為が目的だからです。
　しかしながら、会社に出社すると現実的には上司からの業務命令が発生し、それにより労務提供と評価される行為が発生することがありえます。この場合は業務災害や通勤災害の補償対象になる場合があります。
　また、就業規則や当該社員との個別合意によりリハビリ出社を「復職」として扱っている場合は業務災害や通勤災害の補償対象になります。

(復職後の再発等)
第15条　社員が復職後1年以内に同一ないし類似の私傷病により欠勤した場合、またはその他の理由により欠勤を繰り返すなどして勤務に堪えないと判断される場合、会社はその社員に対し休職を命じることができる。その場合における休職期間は、復職前の休職期間の残日数以内であることとする。

解説

1　休職、復職を繰り返す社員が出ないように、休職期間通算規定を

置くことができます。

2　通算が可能なのは、同一の疾病による休職に限られるという考え方がある一方で、同一の疾病の場合以外でも通算が適法とされた例もあります（日本郵政公社（茨木郵便局）事件・大阪地判平成15年7月30日・労判854号86頁）。精神疾患などでは、同様の疾患でも違う病名がつくこともあり、疾病と疾病の境界が曖昧な場合もあります。よって、少なくとも同一・類似疾病については、通算する旨の規定をおくべきでしょう。

3　うつ病が再発した場合に、すでに休職期間を使い果たしていることがあります。その場合、すでに充分な期間を与えたことを考慮して、休職を認めず、自動退職または解雇の判断をすることが原則になりますが、第8条の適用を検討するなど、なお社員の状況を踏まえて慎重な判断をすることになるでしょう。

（復職後の社員の責務）
第16条　復職した社員は、会社が当該社員の治療経過等を調査する必要があると判断したときは、会社に対し、必要な報告をし、主治医宛の医療情報開示同意書を提出しなければならない。

解説

1　社員の職場復帰後のフォローアップとして、会社は、社員の「通院状況や、治療の自己中断等をしていないか、また現在の病状や今後の見通しについて主治医の意見を社員から聞き、必要に応じて社員の同意を得た上で主治医との情報交換を行う。その場合には、主治医から就業上の配慮についての見直しのための意見を、治癒または就業上の配慮が解除されるまで、提出してもらうことが望ましい。」とされています（厚労省「心の健康問題により休業した労働者の職場復帰支援の手引き」H16.10、H21.3改訂）。本条第1項はこれを社員の責務として明文化し、無用な紛争を予防することを企図したものです。

2　社員の職場復帰にあたっては、『職場復帰支援プラン』を作成し、その中で「社員自らが責任を持って行うべき事項」を定めておくのが良いと思います。

（個人情報保護）
第17条　他の社員の個人情報を取り扱う者は、権限のある者からの指示や承諾なく、社内外の他の者にそれらの情報を開示または漏洩してはならない。

2　他の社員の個人情報を取り扱う者は、別途定める個人情報保護規程を遵守しなければならない。

解説

1　メンタルヘルスなどの社員の精神状態に関する健康情報も個人情報であるため、社内で定める個人情報保護規程に従って慎重に取り扱う必要があります。

2　社員の健康情報は基本的には産業医に保管させ、会社は特定された目的（就業上必要な配慮が必要かどうか判断するためなど）のために社員の健康情報を利用すべきです。

3　個人情報保護規程には健康情報を取り扱う者ごとに取り扱うことのできる健康情報の範囲と権限、違反した場合の罰則などについて定めます。

付　則
この規程は、平成○○年○月○日から実施する。

第7章
うつ病での休職から職場復帰する場合の対処法

1 復職判断の難しさ

　復職の判断は、休職の判断以上に難しい場合があります。うつ病等の精神疾患における症状の変動は、外科的疾患と異なり、客観的、一義的に把握することができるものではないため、充分な労務提供が可能な状態か否かの判断はきわめて困難です。そのような場合、休職時においては、とりあえず休職させて様子を見るという判断をすることも可能ですが、復職時においては、休職期間満了時に復職しない場合は退職となる旨の規定がおかれている場合は特に、復職を認めるべきか、それとも復職させないまま退職とすべきか、非常に難しい判断を迫られます。また、充分に回復していない場合に復職を認めると、病状が悪化したり自殺したりした場合には会社の安全配慮義務違反を問われますし、逆に復職を認めず退職扱いにすると、不当解雇であるとの訴訟を提起されることもあり、会社にとってはいずれの場合もリスクを負うことになります。

　したがって、会社としては、復職可否の判断にあたり、その判断根拠となる充分な信頼できる資料を収集し、適正な手続に則って検討したうえで、上述のようなリスクを最小限に止めるという観点から最終的な決断を下す必要があるのです。

　本章の3で述べるリハビリ出社制度は、企業が復職可否を判断するにあたり、非常に有力な基礎資料を提供するものであるだけでなく、休職者自身にとってもスムーズな復職のために有効な制度です。しかしながら、リハビリ出社時の賃金の取扱いをはじめとするリハビリ出社期間中の人事労務管理上の位置づけについて、休職者とのトラブルが生じる可能性があることなどから、リハビリ出社制度を導入する際には注意すべき点もあります。

第7章 うつ病での休職から職場復帰する場合の対処法

　本章では、まず職場復帰の可否を判断する際に収集すべき資料や履践すべき手続、注意点等について述べ、次に、リハビリ出社制度の概要や導入時の注意点を説明し、さらに、復職不可能と判断した場合の対応、また復職後の対応やその後にやむなく解雇する場合についても解説します。

2 職場復帰可否の判断

(1) 休職者の職場復帰意思確認

　まずは、休職者の職場復帰の意思を確認することが必要です。治療と休養によって休職者の症状が軽減したとしても、休職者が職場復帰の意思がないのに、会社から無理に休職者の職場復帰するよう強いた結果、休職者の症状が悪化した場合、会社がその責任を負うことになってしまいます。

　一方、休職者の職場復帰の意思が示されたとしても、それが休職者自身の明確な意思によるものかをしっかり確認する必要があります。往々にして、休職者の家族の意向が強く反映されたものである場合があります。これらのことから、労働者の職場復帰の意向が本人自身の意思に基づいた明確なものか確認するために、まずは、休職者から書面により復職の申請をさせたうえ、以下に述べる情報収集をした上で、休職者との面談日を設けることが必要です。

(2) 主治医診断書の提出要請

　先に述べたように、休職者が無理をして職場復帰の申請をすることがあります。そのため、職場復帰できる状況にあるか判断するための情報として、休職者に対し主治医の診断書の提出を求めることが最低限必要となります。

　ただし、主治医の診断書が提出されたとしても、主治医の診断書は休職者やその家族の意向を反映したものとなりやすく、また診断書の内容がきわめて簡潔で病状がどの程度回復しているのか不明な場合も多々あります。このような場合には、休職者から同意を得て、主治医に対し、休職者の病状の回復の程度についてさらに詳しい情報提供を求めることが望ましいといえます。

　ところで、休職者が自身の健康に関する情報提供を拒む場合はどうしたらよいでしょうか。

　復職の最終的判断を行うのは事業主側であり、本人が復職を希望する場合、それが可能かどうかを判断する材料を提供しなくてはならないのは原則として従業員本人です。休職者からあらかじめ「医療情報開示に関する同意書」を受け取っておくことが重要ですが、充分な情報提供をしない限り、会社が復職の可否について判断できず、復職が不可能であることを伝えておきましょう（大建工業事件・大阪地裁平成15年4月16日決定を参照）。

第7章　うつ病での休職から職場復帰する場合の対処法

(3) 産業医との面談

　先に述べたように、主治医の診断書には休職者やその家族の意向が強く反映されている場合があります。また、主治医は、休職者の業務内容や職場環境等についてよく知らないまま復職の判断をしていることも少なくありません。そのため、会社の業務内容や職場環境等を理解している産業医に休職者と面談してもらい、医学的見地からの意見をもらうことがきわめて重要となります。

　なお、産業医の選任義務のない50人未満の事業所では、地域産業保健センター、労災病院勤労者メンタルヘルスセンターを活用しながら検討を進めていくこともできます。

〈地域産業保健センター〉
　厚生労働省が郡市医師会に委託して、産業医の選任義務のない労働者数50人未満の事業場を対象に、医師・保健婦などが健康相談や産業保健サービスを無料で事業者・従業員に提供する。
〈労災病院勤労者メンタルヘルスセンター〉
　近年増加している勤労者のメンタルヘルスに関する需要に総合的に対応するため、健康管理を含めた心身医学分野の総合的医療を提供する。

　また、第三者たる専門家としては、医師だけでなく産業カウンセラー、臨床心理士からの意見を求めることもできます。

(4) 会社による最終的な職場復帰の可否判断

　これまで述べてきたように、会社は、①休職者の職場復帰に対する意思及び就業意欲、②休職者の主治医の診断書、③会社の産業医の意見等、必要な情報を適切に収集したうえで、休職者自身と職場環境の双方についてさまざまな視点から評価を行いながら、職場復帰の可否を総合的に判断することになります。最終的には会社の責任で、休職者が職場復帰できるような健康状態に回復したか、すなわち「治癒した」といえるか判断することになるのです。では、休職者が治癒したといえる状態とはどのような状態を指すのでしょうか。

(5)「治癒」の概念

　「治癒」とは、原則として「従前の職務を通常の程度に行える健康状態に復

したとき」をいいます。したがって、従前の職務を遂行する程度には回復していない場合には、原則として復職はできないものと扱ってよいといえます（アロマカラー事件・東京地裁昭和40年12月16日判決・労経速1010号25頁）。

しかしながら、職種・職務内容を限定せずに締結された雇用契約の場合は、従前の職務の遂行が充分にできない場合であっても、現実に配置可能な業務が存在し、かつ労働者がその業務についての労務提供を申し出ているのであれば、「債務の本旨に従った労務提供がある」というべきであると判示した最高裁判例がある点に注意をしなければなりません。

この最高裁判例を踏まえると、休職者が職種・職務内容の限定なく採用された社員である場合、休職者が従前の職務を遂行できる程度にまで回復していない場合であっても、他の勤務可能な職種・職務に従事することを求めた際には、会社としては、他の職務・職種に復職させることができるか否かを検討しなければならないこととなります。

> ◆ **判例紹介・片山組事件**（最高裁平成10年4月9日判決・判時1639号130頁）
> 　労働者が職種や業務内容を特定せずに労働契約を締結した場合において、現に命ぜられた特定の業務についての労務提供が十全にできないとしても、能力、経験、地位、企業規模、業種、労働者の配置・異動の実情及び難易等に照らして当該労働者が配置される現実的可能性が有ると認められる業務について労務の提供をすることが出来、かつ申し出ている場合には債務の本旨に従った履行の提供があると解すべきである、と判断された事案。

他方、雇用契約により職種・職務内容が限定されている場合であっても、「従前の職務を遂行する程度に回復したとはいえないときは復職は認められない」と即断するのは禁物です。裁判例の中には、職種・職務内容が限定されている場合であっても、他の業務への配置可能性に言及するものもあります（カントラ事件・大阪高裁平成14年6月19日判決・労判839号47頁）。また、復職時に従前の職務が遂行できる程度に回復したとはいえないときであっても、当初軽作業に就かせればほどなく通常業務に復帰できる程度に回復している場合には復職させるべきと判示した裁判例も現れており、相当期間内に復職できる見込みがあるような場合には注意しなければなりません（エール・フランス事件・東京

地裁昭和59年1月27日判決・判時1106号147頁)。

　以上述べてきたとおり、復職の判断は、従前の職務を通常の程度に行える健康状態に復したか否かで判断するのが原則ではありますが、職種・職務内容限定の雇用契約か否か、配置転換が可能か否かなど、労働契約の内容、企業の実情等により判断が異なります。殊にうつ病をはじめとする精神疾患の場合、そもそも治癒の判断基準が肉体的な傷病の場合と同じでよいのかという問題も考えられ、まだまだ議論が不充分な状況ですが、会社は、可能な範囲で、できるだけ職場復帰のための支援をするよう求められている傾向にあるということはいえそうです。

(6) 社内の体制や手続の整備及び手順の履践

　「治癒」の判断基準は以上のとおりですが、復職させるべきか否か微妙な事案では、実際の判断に迷う場面も出てくると思います。このような場合に、会社にとって法的リスクをできるだけ少なくするには、どのようにすればよいのでしょうか。

　まず、専門家である産業医の意見を充分に聴くことが重要です。本人の復職への意欲・希望を尊重することも重要ですが、基本的には客観的・専門的見地からの意見をより重視すべきといえます。したがって、産業医が復職困難との見解を示したにもかかわらず、休職者が職場復帰への強い希望を有している場合には、産業医との面談を設定し、説得してもらうことも必要です。また、休職者の家族が復職を後押ししている場合もありますから、できるだけ早い段階から家族も巻き込んで対応することも検討します。また、復職を認める場合には、職場復帰後の当該労働者の就業上の配慮を行ったり、定期的な面談等のフォローアップを行うなど、職場復帰を支援することも重要です。

　しかしながら、このように休職者に手厚い職場復帰の支援が可能な会社は多くないのが実態だと思います。このような場合は、職場復帰の可否の判断を行うまでの社内の体制や手続を整備し、しかるべき手順を踏んだ上で判断を行うことが大切です。きちんとした手順を踏んだ上、会社が熟慮した結果、休職者の職場復帰を認めず自然退職や解雇の手続きをとった場合、不当退職(解雇)と評価される法的リスクは小さくなると考えられます。この点からも、社内規定を整備したり、休職者の相談窓口を整備するほか、復職判断にあたっては充分な情報を収集した上で判断することが肝要です。その判断の際、管理監督者、

人事労務スタッフ、産業保健スタッフにより構成された復職判定委員会を設置・審議することは効果的であるといえます。

なお、社内体制の整備を検討する上でまず参照すべき文献として、厚生労働省が2004年10月14日に発表した「心の健康問題により休業した労働者の職場復帰支援の手引き」(以下「手引き」といいます。)があります。この手引きは、心の健康問題による休業者で、医学的に業務に復帰するのに問題がない程度に回復した労働者を対象とし、実際の職場復帰に当たり、事業者が行う職場復帰の支援の内容について総合的に示したものです。手引きでは、職場復帰支援の流れを5つのステップに分け、①病気休業開始及び休業中のケア、②主治医による職場復帰可能の判断、③職場復帰の可否の判断及び職場復帰支援プランの作成、④最終的な職場復帰の決定、⑤職場復帰後のフォローアップについて示されています。この手引きはあくまで「手引き」であって、会社に法的義務を課すものではありません。現実問題として、この手引きどおり実行できる会社は現時点では多くないと思われます。しかしながら、職場復帰の可否を判断するための情報収集の留意点や、職場復帰の可否の判断の考慮要素を具体的に示している点等、基本的な指針として大いに参考になります。

これまで述べてきた手順をまとめると、次のようなフローになるでしょう。通常、職場復帰の判断を下すにはある程度の時間を要することが多いため、充分な時間的余裕をもって計画・実施することをお勧めします。

| 従業員による職場復帰の申出・申請と、復職可能との記載のある主治医診断書の提出 |
↓
| 産業医等複数の専門家による精査 | ＋ | 主治医への情報提供によるより詳細な情報収集 |
↓
| 情報の収集と評価(職場環境、本人との面談、家族の意見等) |
↓
| 職場復帰の可否についての総合的判断〈復職判定委員会〉 |
↓
| 従業員の状態の最終確認(本人との面談等) |
↓
| 会社による最終的な職場復帰の可否決定 |

第7章 うつ病での休職から職場復帰する場合の対処法

────────────〈参考〉「面談記録票」────────────

【職場復帰判断にあたっての質問項目】
（1）治療状況及び病状の回復状況の確認
　　①今後通院治療は必要か？
　　②通常の業務を行うにあたって現在の症状は影響があるか？
　　　また、服薬を続けている場合、副作用はあるか？
　　③休業中はどのような生活パターンであったか？
　　④その他職場復帰に関して考慮すべき問題点など
（2）業務遂行能力についての評価
　　①休業前と比較して、寝起きのリズムは戻ったか？
　　②昼間、眠気に襲われることがあるか？（服薬時も含む）
　　③休業前と比較して注意力・集中力に欠けると感じることがあるか？
　　④通勤に不安はないか？
　　⑤（事務系の職種であれば）読書を続けることができるか、パソコン操作に集中できるか等、通常業務に類似した日常行動の状況はどうか？
　　⑥家事・育児は普通にこなせるか？趣味活動はどうか？
（3）今後の就業に関する労働者の考え
　　①希望する復帰先はあるか？
　　②就業上、配慮してほしい点があればその内容と期間
　　③その他管理監督者、人事労務管理スタッフ、事業場内産業保健スタッフに対する意見や希望（職場の問題点の改善や勤務体制の変更、健康管理上の支援方法など）
（4）可能であれば、必要に応じて家庭での状態（病状の改善の程度、食事・睡眠・飲酒等の生活習慣など）についての情報
（出典：厚生労働省「心の健康問題により休業した労働者の職場復帰支援の手引き」）

3 リハビリ出社制度

(1) リハビリ出社制度とは

　うつ病にかかった従業員が職場復帰を円滑に行うために、試しに出勤する制度を設ける場合があります。この制度は、試し出勤制度やリハビリ出勤制度、または慣らし出勤制度と呼ばれていることもあります。本書では、この制度を後述するように、「勤務」ではなく、職場復帰のためのリハビリテーションの一環としての出社疑似体験として位置づけるため、リハビリ出社と呼ぶこととします。

　このリハビリ出社の制度の定義は特に決まったものがあるわけではありませんが、実際には次のような内容が行われていることが多いようです。

① 通常の出勤時間にあわせて出社する。
② 出社後の作業場所は、リハビリ出社開始直後は、実際の職場ではなく、近くの図書館等の職場以外の作業ができる場所で、読書や簡易な作業を行う。
③ 段階的に、実際の勤務内容に近づけていき、最終的には実際の職場で簡易な作業を行う。
④ リハビリ出社期間中は、定期的に、産業医、EAPコンサルタント等専門家によるカウンセリング、人事担当者との面談を実施して、回復状況の確認を行う。

(2) リハビリ出社の法的根拠

　リハビリ出社制度は、制度を導入することが法律上求められるものではありません。リハビリ出社制度について言及した公的機関の見解は、先にも紹介した厚生労働省から発表された「心の健康問題により休業した労働者の職場復帰支援の手引き」（以下「手引き」といいます。）が以下のように述べているだけですから、リハビリ出社制度を導入するか否かは会社の裁量により決めるものといえます。

> 社内制度として試し出勤制度（いわゆるリハビリ出勤制度）を設けている場合、より早い段階で職場復帰の試みを開始することが出来、結果として早

第7章 うつ病での休職から職場復帰する場合の対処法

> 期の復帰に結びつけることが可能となる。また、労働者自身が実際の職場において自分自身及び職場の状況を確認しながら復帰の準備を行うことが出来るため、より高い職場復帰率をもたらすことが期待される。しかし、この制度の運用においては、試し出勤の人事労務管理上の位置づけについて十分に検討しておく必要がある他、この制度が職場の都合でなく労働者自身の主体的な考えや判断に基づいて運用されるよう留意すべきである。

（3）リハビリ出社制度を導入する際の問題点

　手引きにも述べられているように、リハビリ出社制度の運用においては、リハビリ出勤の人事労務管理上の位置づけを明確にしておかないと、従業員との間でトラブルが生じる可能性があります。具体的には次の点が問題となると考えられます。

① リハビリ出社期間中、休職期間が継続したものと取り扱うことができるか。
② リハビリ出社期間中に賃金を支払うべきか。
③ リハビリ出社期間中に労働災害が発生した場合、労災が適用されるか。
④ リハビリ出社することにより、従業員の精神疾患の症状が悪化した場合、会社が責任を負うのか。

（4）リハビリ出社制度の問題点への対応

　では、上記のような問題点についてどのように対応すべきでしょうか。本書では以下の点に注意して対応すべきと考えます。

① リハビリ出社制度の位置づけを明確にしておくこと

　まず、会社内でのリハビリ出社制度の位置づけを明確にしておくことが必要です。本書では、リハビリ出社制度は、あくまで従業員の自発的意思に基づいた職場復帰に向けたリハビリテーションの一環としての出社疑似体験と位置づけることをお勧めします。このように位置づけることにより、先に述べた問題点は以下のとおり考えることができます。

ア）休職期間の取り扱いについて

　リハビリ出社制度は、職場復帰に向けたリハビリテーションの一環と位置づけるのですから、職場復帰する前の休職期間中に実施するものです。したがって、リハビリ出社期間中は、休職期間が継続していることが前提となります。

3　リハビリ出社制度

イ）リハビリ出社期間中の賃金の取り扱い

　リハビリ出社制度は、職場復帰に向けたリハビリテーションの一環としての出社疑似体験として位置づけますから、リハビリ出社期間中に従業員が行う作業は会社に対する労務の提供ではないと考えるべきです。そうだとすると会社が労務の提供の対価としての賃金を支払う必要はありません。この点について、リハビリ出社は、リハビリテーションのための事実上の行為であって、労働契約に基づく労務提供ではないと判断した裁判例があります（西濃シェンカー事件・東京地裁平成22年3月18日判決・労判1011号73頁）。この裁判例では、①リハビリ出社制度をあくまでリハビリテーションの一環として作業に従事し、通常勤務が可能であると判断した時点で「復職」という取り扱う合意が会社と従業員の間であったこと、②実際の作業内容も、当該従業員のために予め割り当てられておらず、その作業内容も簡易なものであること、③リハビリ出社期間中の作業の進捗状況や結果について会社による評価がされることがなかったこと、④リハビリ出社期間中の出退勤時間の実質的な管理がなかったこと、等の事情を重視して、リハビリ出社期間中に従業員が行う作業は会社に対する労務の提供ではないと判断しています。

　この裁判例からすれば、次のような点に注意すべきでしょう。リハビリ出社制度は、職場復帰に向けたリハビリテーションの一環としての出社疑似体験として位置づけるものと考えますから、当該従業員の労働力を利用するような観点から作業をさせてはいけません。また、その作業の進捗状況や結果は、当該従業員の職場復帰の可否の判断資料として使うものであり、その従業員の成績評価に使ってはいけません。また、当該従業員の体調により、出退勤時間についても柔軟に対応することが必要となるでしょう。

ウ）労災の取り扱い

　リハビリ出社期間中に労働災害が発生した場合の労災の適用については、労働基準監督署は、リハビリ出社期間中に賃金が支払われているか否かを重要な要素として判断しているようです。賃金が支払われている場合には、対価としての会社に対する労務の提供がなされていると判断しやすいからでしょう。

　なお、労災が適用されないことから、会社の裁量により当該従業員のために保険をかけておくこともよいでしょう。

第7章　うつ病での休職から職場復帰する場合の対処法

エ）リハビリ出社することにより、従業員の精神疾患の症状が悪化した場合の責任の所在

　会社が従業員に対し、リハビリ出社制度を利用するよう強制してはいけません。あくまでリハビリ出社制度を利用するのは従業員の自発的な意思に基づくものであることを明確にしておく必要があります（書式122頁）。そのため、制度としては、従業員がリハビリ出社制度を利用することを申請し、それを会社が承認するという形をとるようにすることが必要です。強制してリハビリ出社させた結果、従業員の病状が悪化した場合、会社がその責任を問われかねません。

　また、リハビリ出社制度を従業員が利用することを会社が承認する際には、従業員からリハビリ出社を実施する程度まで耐えうる状態になっていることを証明する主治医の診断書を提出させた上、産業医の意見を聞いて、会社として、客観的に当該従業員がリハビリ出社を実施できる程度まで回復しているか判断する必要があります。

② 会社と従業員の間で、賃金等の労働条件の取り扱いについて書面による明確な合意をしておくこと

　リハビリ出社を実施する前に、賃金の取り扱いをはじめとする労働条件の取り扱いについて書面による明確な合意をしておく必要があります。書面には、①リハビリ出社期間中は、休職期間が継続していること、②リハビリ出社期間中の賃金・交通費の取り扱い、③（賃金を支給しない場合は）労災が適用されないこと、その場合、会社が当該従業員のために保険を掛けるか否か等を明確にすることが必要でしょう。

　なお、リハビリ出社期間中に労災が適用されるか否かの決定は労働基準監督署が行うものであり、労使間で労災が適用されないことを合意したからといって労働基準監督署がそれに拘束されるわけではありません。しかし、あらかじめ、労災の適用についての会社の見解を示し、その了解を得ておくことは、リハビリ出社中に事故があった場合の無用なトラブルを防ぐことに役立つので、明記しておくことが望ましいといえます。

③ リハビリ出社制度の規定化

　以上のようにリハビリ出社制度を導入するためには、あらかじめ労使間で人事労務管理上の位置づけを明確にする必要があることや、手続上の社内の体制を整備しておく必要があることから、リハビリ出社制度を規定化しておくこと

3　リハビリ出社制度

も有益であるといえるでしょう（119頁の規定例参照）。

（5）職場復帰の可否の判断

リハビリ出社制度を実施した結果の内容は、当該従業員の職場復帰の可否の判断の重要な情報となります。この結果内容を含めて、会社は産業医の意見を聞いて職場復帰の可否を判断することになります。

（6）リハビリ出社制度を効果的に活用するための留意点

リハビリ出社制度は、単に、短時間の就業時間による簡易な作業を行わせればよいというものではありません。リハビリ出社中の当該従業員の健康状態を産業医等の専門家が十分に把握したうえ、プログラム内容を作成し、定期的にカウンセリングを実施することが必要です。また、会社も当該従業員の体調に充分配慮する必要があり、当該従業員の相談の窓口を設ける等社内の体制を整備しておく必要があります。会社は、これらの点を整備することによってはじめてリハビリ出社制度の効果が発揮されることに留意しておく必要があります。

リハビリ出社規程（例）

（目的）
第1条　休職規程第14条に基づくリハビリ出社は、この規程の定めるところにより実施する。

（定義）
第2条　リハビリ出社とは、会社が社員の職場復帰の可否を判断し、また職場復帰が認められた場合における当該社員の円滑な職場復帰を支援することを目的として実施する、職場復帰のためのリハビリテーションの一環としての模擬出社をいう。

（本規程の適用範囲）
第3条　本規程の適用範囲は、休職規程第4条に基づき休職した本採用後の正社員を対象とし、それ以外の契約社員、アルバイト、嘱託社員等に対しては適用しない。

（リハビリ出社の申出）
第4条　リハビリ出社を希望する社員は、原則としてリハビリ出社開始希望日の2週間前までに、主治医の診断書を添付して「リハビリ出社申請書」により会社に申し出るものとする。

（リハビリ出社開始の決定）

第7章 うつ病での休職から職場復帰する場合の対処法

第5条　会社は、リハビリ出社実施の可否を判断するにあたり、社員から主治医の診断書の提出を受ける他、会社の指定する医師の意見を聴き、当該社員と面談したうえ、リハビリ出社実施の可否の判断をする。
　2　会社がリハビリ出社実施の可否の判断に必要と認めたときは、当該社員は次に掲げる会社の求めに応じなければならない。
（1）　主治医宛の医療情報開示同意書を提出すること。
（2）　会社の指定する医師の診断を受けること。
（3）　その他会社がリハビリ出社実施の可否判断に必要と認めた資料を提出し、または会社の調査に協力すること。
　（リハビリ出社実施決定の際の調査）
第6条　会社が、前条の判断をする目的で、社員の主治医、家族等の関係者から事情聴取等の調査を行おうとする場合は、社員は、これに協力しなければならない。
　（リハビリ出社期間中に実施するプログラムの内容）
第7条　リハビリ出社期間中に実施するプログラムの内容は、会社及び会社が指定する医師が作成するプログラムの内容とする。
　2　リハビリ出社対象社員（以下「対象社員」という）が行う前項のプログラムは、職場復帰に向けたリハビリテーションの一環として行われるものであり、労務の提供にあたらない。
　（リハビリ出社期間中の休職期間の取扱）
第8条　リハビリ出社期間中は休職期間が継続しているものとする。
　（リハビリ出社の期間）
第9条　リハビリ出社の期間は、通算3か月の範囲内で、主治医の診断書及び会社が指定する医師の意見を聴いた上、会社が必要と認める期間を定めるものとする。
　2　前項の場合において、会社は、リハビリ出社実施開始日を第4条のリハビリ出社開始希望日に拘束されずに定めることができる。
　3　第1項の場合において、会社は、リハビリ出社終了日を休職期間満了日以前に設定するものとし、休職期間満了後はリハビリ出社を実施しない。
　（リハビリ出社期間の変更）
第10条　会社は、対象社員の申出又は会社が指定する医師の意見を聴いた会社の判断により、リハビリ出社期間の変更を行うことがある。ただし、その期間は、通算3か月の範囲を超えないものとする。
　（リハビリ出社の終了）
第11条　リハビリ出社は、次の各号のいずれかに該当する場合に終了する。
（1）　休職規程第13条5項により、会社が、対象社員が治癒したと認めたとき
（2）　対象社員がリハビリ出社の終了を申し出たとき
（3）　対象社員がリハビリ出社を継続することが困難であると会社が認めた

とき
（4）　リハビリ出社終了予定日におけるプログラム実施が終了したとき
（5）　休職規程第7条に定める休職期間が満了したとき
（6）　前各号の他、会社がリハビリ出社を終了することが相当と判断したとき

（リハビリ出社期間中の処遇）
第12条　リハビリ出社期間中の給与その他の処遇は以下のとおりとする。
（1）　給与　　　無給とする。
（2）　賞与　　　休職規程第11条に準ずる。
（3）　通勤手当　支給しない。
（4）　リハビリ出社期間中に対象社員に生じた災害については、労働者災害補償保険法その他の関連法令は適用されないものとする。

（リハビリ出社期間中の報告義務等）
第13条　対象社員は、リハビリ出社期間中、会社が指定する医師の指示に従いカウンセリングを受けなければならない。
　2　対象社員は、リハビリ出社期間中、会社が作成した生活記録表に活動内容を記入し、会社に提出しなければならない。
　3　会社は、前2項のカウンセリング結果及び生活記録表の記入内容を、プログラム遂行状況とあわせ、対象社員の復職の可否の判断資料として使用する。

（復職判断）
第14条　対象社員の復職の可否の判断は、休職規程第13条に基づいて行う。

（リハビリ出社期間中の相談窓口）
第15条　リハビリ出社期間中の相談窓口は、人事部人事課とする。

第7章　うつ病での休職から職場復帰する場合の対処法

〈リハビリ出社申請書〉

人事課長　殿

　　　　　　　　　　　　　　　　　　平成　　年　　月　　日
　　　　　　　　　　　　　　　　　　所属
　　　　　　　　　　　　　　　　　　氏名　　　　　　　　印

　私は、リハビリ出社規程に基づき以下のとおりリハビリ出社の申請をいたします。

記

1．開始希望日

2．終了希望日

3．添付書類
　　主治医による診断書　　　　　1通
　　主治医宛の医療情報開示同意書　1通

　　　　　　　　　　　　　　　　　　　　　　　　　　　　　　以上

〈リハビリ出社承認通知書〉

所属
氏名
　　　　　　　　　　　　　　　　　　平成　　年　　月　　日
　　　　　　　　　　　　　　　　　　株式会社
　　　　　　　　　　　　　　　　　　人事課長

　平成　　年　　月　　日付けで申請があったリハビリ出社の実施を承認しますので、リハビリ出社規程に基づき、リハビリ出社期間中の取扱いを以下のとおり通知します。

3　リハビリ出社制度

記

1．リハビリ出社期間

　　平成　　年　　月　　日から平成　　年　　月　　日までの期間

2．リハビリ出社期間の処遇

　（ア）　給与　　　無給とする。
　（イ）　賞与　　　リハビリ出社期間は休職期間として取り扱い、休職規程第11条に準ずる。
　（ウ）　通勤手当　支給しない。
　（エ）　リハビリ出社期間中に社員に生じた災害については、労働者災害補償保険法その他の関連法令は適用されないものとする。

3．リハビリ出社期間中のプログラムの内容等

　リハビリ出社期間の出社時間、退社時間、出社場所、その他プログラムの内容は別に指示する。なお、このプログラムの内容は、職場復帰に向けたリハビリテーションの一環として行われるものであり、労務の提供にあたらないものとする。

4．その他

　その他リハビリ出社期間中の取扱は、リハビリ出社規程による他、会社が指定する医師のカウンセリング及び相談窓口担当者（人事部人事課）の指導によるものとする。

4 復職不可能と判断した場合の対応

休職期間満了時に、債務の本旨に従った労務の提供が不可能であると判断される場合、会社はどのような対応をすることになるでしょうか。

(1) 自動退職規定がない場合

休職期間満了時に復職できない場合は自動退職（自然退職ともいいます）となる旨の規定が就業規則にない会社（当然に復職することとなる旨の規定がある場合も含む）では、復職不可能との判断を休職者に告げることになりますが、この告知は解雇の意思表示と考えられます。したがって、この場合には、後日、労働者から、解雇権の濫用として解雇無効を主張されるリスクがあります。

このリスクを最小限に止めるためには、復職不可能との判断に至った理由をきちんと労働者に説明し、納得を得る努力をすることが必要です。労働者が充分な労務提供ができない状況であることを認識していれば、雇用契約の内容や業務の実態に照らして会社が復職のために用意できる職務がないこと等を説明することになりますが、労働者が復職可能な程度に回復したと思い込んでいる場合は、産業医に同席してもらうなどして、本人の健康状態と復職可能な健康状態に乖離があることから説明する必要があります。こうして、労働者の納得を得て、退職について合意することができれば、それがもっとも望ましいでしょう。かりに合意にまで至らなくとも、客観的な資料に基づき誠実に説明した事実は、後に紛争となった場合でも、解雇有効と判断される重要な裏づけになりえます。

(2) 自動退職規定がある場合

他方、就業規則等で休職期間満了時に復職できない場合は自動退職となる旨を定めている会社では、復職を認めることができない場合、休職期間満了をもって雇用契約が終了します。このような自動退職規定の有効性が問題になることもありますが、雇用契約の自動終了事由と解する裁判例もあります（昭和電工事件・千葉地裁昭和60年5月31日判決）。

もっとも、このような自動退職規定を有する休職制度は、解雇猶予としての性格をもつ制度であると考えられるため、休職期間満了により自動退職になる

場合には、理論的には解雇予告規制および解雇規制の潜脱となりえます。そのため、自動退職制度規定を盛り込む場合には、休職期間は30日以上とすることが必要です。

ところで、自動退職について定めておけば、常に休職期間満了による退職をさせることができるかというと、そうでもありません。制度趣旨が解雇猶予と考えられるのであれば、休職開始時において解雇権が発生していたか否か（すなわち、債務の本旨に従った労務の提供ができず、解雇できる状況であったか否か）、あるいは、休職を発令したことが相当であったか否かが問題になりえます。また、休職期間満了時における「治癒したとはいえない」との判断が相当であったか否かも当然に問題になります。具体的には、休職開始時において、期間満了時に治癒しなければ退職する旨の合意があったと考えられる場合もありうるでしょうし、条件付解雇の意思表示があったと考えることができる場合もあるでしょう。また、休職期間満了時に解雇の意思表示ありと判断されることもありえます。ケースバイケースですが、自動退職規定による退職の有効性を判断する際には、休職を発令することの相当性や休職期間満了時の治癒の判断の相当性等が求められることになります。

したがって、自動退職規定がある場合でも、会社としては、休職者に対し、期間満了時に治癒していなければ退職となる旨をきちんと説明し、期間内に治癒するためにも主治医や産業医の指示を守るよう指導すべきです。そして、できる限り休職者の同意を得て休職させることとし（モデル休職規程では労働者に休職の申請をさせることを原則としていますので参考にして下さい）、休職期間中の休職者の状況も含めて、休職期間満了時の回復状況を客観的に把握できる資料の収集に努め、復職可能な職務を用意することができないか、短時間勤務を認めることはできないか等も検討した上で、復職が認められない旨の最終判断をしましょう。判断の理由についても、休職者の求めに応じ、きちんと説明する必要があります。

なお、自動退職規定を設けるべきか否かについては、次の5（4）で述べていますので参照して下さい。

（3）復職可否判断が困難な場合

どうしても復職可否の判断がつきかねる場合、あるいは、会社としては復職不可能と判断しているが労働者の意向あるいは家族の状況等から復職を認めな

いとトラブルに発展するおそれが高い場合には、最後の手段として、休職期間を延長するという方法もあります。しかし、休職期間の延長を漫然と繰り返すことは双方にとって良くありません。休職期間の延長はあくまで例外的措置と位置づけ、延長の際には、延長期間満了時に治癒しない場合の効果についてきちんと理解を得ておくべきです。

　休職期間の延長についても、休職開始時と同様に、原則として社員に申請させるようにし、申請がなくとも会社が休職期間を延長できる旨の規定も就業規則に盛り込んでおきましょう。

5 職場復帰後の対応

(1) 職場復帰後の対応方針

　本章の「1　復職判断の難しさ」でも述べたように、うつ病は完治したか否かの判断が非常に難しい病気です。同時に、再発の可能性についても判断が難しく、一度は復職可能との診断書が出されて職場に復帰しても、その後ほどなく再発して再び休職せざるをえなくなるというケースも良くあります。そのような懸念がある場合にリハビリ出社を一つの選択肢として検討できることはすでに説明しましたので、ここでは、正式に復職する（「債務の本旨に従った労務の提供」を再開する）場合の注意点について述べます。

　復職に際し会社が最も心配するのは、うつ病の再発ないし悪化です。一般的にうつ病は極期（症状が最もひどい時期）よりも回復期に自殺するケースが多いとも言われており、復職後に労働者が自殺した場合には、会社がそのような結果を予見できたとして安全配慮義務違反を問われ、損害賠償を請求される場合もあります（**第8章**参照）。このようなリスクを回避するため、会社は、うつ病から復職する労働者に対して、どの程度の配慮義務を履行すべきか理解しておく必要があります。

　この点に関する裁判例はいくつか存在しますが、うつ病の特性に照らし、会社に対し復職する労働者の心身の状態に配慮した対応をすべき一定の義務を認める傾向にあります。どの程度の配慮をすべきかは、当該労働者の心身の状態や意向、会社側で対応可能な範囲等により異なりますが、少なくとも会社としては、復職を認めるに際して当該労働者本人やその家族、主治医及び産業医等からヒアリングを行うなどして、本人の状態や意向を把握した上で、会社としていかなる配慮をすべきか、またどのような配慮をすることが可能かについて、専門家の意見を尊重しつつ充分検討することが必須となります。

　◆ **判例紹介**（東京地裁平成19年1月25日判決）
　　労働者が復職後に自殺し、復職を認めた会社の判断について違法性の有無が争われた事案。

第7章　うつ病での休職から職場復帰する場合の対処法

> 　労働者が職場復帰を希望しており、復職を認めない場合には焦燥や攻撃性等の症状が出現、増悪するおそれがあったこと、労働者のストレスの原因の一つが家庭内にあったため、会社は当該労働者を家庭から離す目的もあって、1週間に1度の通院治療を継続することを前提に、当分の間、午前中のみの勤務を認めたこと、会社は当該労働者が従事する業務を比較的負担の少ない業務とし、本人の希望を尊重してパソコンの使用も一定時間認め、体調がすぐれないときは休むように伝えるなど、職場復帰によって症状が増悪しないように配慮していたこと等の事実を認定し、復職させた会社の判断に違法性はないと判断した。

> **◆判例紹介・富士電機Ｅ＆Ｃ事件**（名古屋地裁平成18年1月18日判決・労判918号65頁）
> 　復職後に労働者が自殺し、会社の安全配慮義務違反の有無が争われた事案。会社が労働者のうつ病罹患の事実を認識していた以上、当該労働者の職場復帰及び就労継続について会社は当該労働者の心身の状態に配慮した対応をすべき義務があったとした上で、内部的な協議や医師等への相談をせずに職場復帰させた点は慎重さを欠き不適切であったものの、労働者本人が診断書記載の休養加療期間前に職場復帰を希望したこと、本人の希望を踏まえて軽度な業務に従事させたこと、当該業務が特に劣悪な環境下の職場での長時間労働であったとも認められないこと、それ以上の業務軽減措置等は昇給昇格等の点で不利益を生じさせることにもつながり疾病の前歴を理由にした不当な差別との批判も招きかねないことに照らし、会社に配慮義務違反なしと判断した。

　以上のような裁判例の傾向から考えると、たとえば、長時間労働が原因でうつ病に罹患した場合に、復職後直ちに従来と同じ長時間労働をさせれば、再発リスクが高まることは容易に予測できますから、このようなケースでは、復職後、長時間労働をさせない配慮が必要となるでしょう。また、上司のパワハラが原因であるのに、その上司の下に復職させるようなことも同様に避けるべきであり、別部署へ異動させるなどの処遇を検討する必要があるでしょう。

　会社が復職を認めるにあたり、以上のような配慮義務が課せられるのであれば、会社としては、うつ病からの復職後もある程度の期間は継続的に当該労働者の心身の状態を把握し、変化が見られる場合にはその都度適切な対応をとるべき義務がある場合が多いと考えられます（具体的予見可能性があれば配慮義務

ありと判示した「トヨタ・デンソー事件」（次の判例紹介）参照）。したがって、復職後の体調不良等があれば本人から申告すること、あるいは通院を継続する必要がある場合には通院の都度状況を報告すること等を本人に約束させておくことは検討して良いでしょう。このように労働者に対して報告義務を課しておくことは、うつ病が再発した場合の企業責任に関するリスクを回避する上でも重要です。

> ◆ **判例紹介・トヨタ・デンソー事件**（名古屋地裁平成20年10月30日判決・労判978号16頁）
> 　会社が労働者に対して負う健康上の安全配慮義務の内容は、当該労働者の置かれた具体的状況に応じて決定されるべきものであるとしたうえで、会社は、通常であれば、業務が社会通念上客観的にみて平均的労働者をして精神障害等の疾患を発生させるような過重なものとならないように注意すれば足りるとしても、それに至らない程度の過重な業務に従事している労働者がそのまま業務に従事させれば心身の健康を損なうことが具体的に予見されるような場合には、その危険性を回避すべく、その負担を軽減するなどの業務上の配慮を行うべき義務があると判示した。

　なお、うつ病の原因が私生活にあり、業務とは無関係と思われる場合であっても、復職後、再発が疑われる状況が現れ始めた場合には、やはり、本人と面談して対応を協議するなどの配慮が必要であろうと思われます。

> ◆〈**コラム：メンタルヘルスコンサルタントの立場より**〉
> 　復職の際に盲点となるのは、復職者を迎える部署のマネジャーに対する配慮です。
> 　復職者は、健常時の70％程度の回復度で復帰してくることが多く、マネジャーは本人の様子を見ながら自分の仕事もこなさなくてはなりません。そればかりではなく、他のメンバーへの気遣いも欠かせません。
> 　メンバーへの事前説明もマネジャーの仕事となる場合が多く、最初は納得して復職者を迎えたメンバーの中には、時が経つにつれ、なかなか調子の出ない復職者に対して、不平不満を言う者も現れます。その矛先は、たいていの場合、マネジャーに向くのです。
> 　コンサルティングの現場では、復職者を迎えた部門のマネジャーには定期

第7章　うつ病での休職から職場復帰する場合の対処法

> 的にカウンセリングを受けさせるようにしています。
> 　復職者を迎える、という慣れない場面に、相当なプレッシャーを受ける人は多くいます。元気そうに見えても、ルールとしてマネジャーと定期面談をし、体調、気分などに変化はないか、その他困ったことはないか聞きだし、早めに対応するのが人事労務部門の責務です。

（2）労働者希望による復職後の労働条件変更

　休職は、あくまで雇用契約における労働者の労務提供義務を会社が一時的に免除するものにすぎませんから、原則論としては、休職終了後は当然に会社は労働者に対して従来の雇用契約どおりの労務提供を求めることになります。しかし、復職に際し、本人から、勤務時間をずらしてほしい、復職先部署を変更してほしい、週3日の勤務から始めたいなど何らかの配慮を求められる場合があります。このような申し出は労務提供の条件変更の申し出と解されますが、会社側がこれにどこまで応ずる義務があるかは、（1）で述べた復職者に対して会社が負う配慮義務の範囲・程度との兼ね合いになります（なお、本人の希望する勤務条件等が債務の本旨に従った労務提供とはいえないような場合には、そもそも復職の要件を満たしません）。

　以下、よくある要望について検討します。

① 時短勤務（週3日出勤等も含む）

　たとえば、休職前は週5日、毎日8時間の勤務をしていた労働者が、毎日5時間ずつの勤務、あるいは週3日あるいは4日だけの出勤といった勤務形態を求めてくることがあります。主治医が「週3日程度であれば通常の勤務が可能」といった診断書を書いてくることもあります。このような勤務形態はそもそも債務の本旨に従った労務提供とはいえないとして、その時点での復職を認める必要がない場合もありうるでしょうけれども、復職を認める場合には、産業医の意見を聴いたうえで、勤務時間（ないし勤務曜日）及びその勤務形態で業務に従事する期間を検討しましょう。必ずしも主治医の「指示」に従う必要はありません。

　このような勤務時間変更の合意をする場合には、あらかじめ復職後一定期間を区切っておくこと、期間満了の際の処理（当然に従前の就業形態に戻すこととするか、体調を見て改めて協議することとするか、等）、時短の程度に応じた賃金減額についてきちんと話し合って合意しておくことが重要です。もちろん合意

の内容は書面で残しておきましょう。

② 復職に際しての配転

復職に際して、労働者が別部署への配転を希望する場合があります。

まず、配転希望の理由がうつ病の原因に関する事柄であって、労働者に配転を希望する正当な理由がある場合（たとえば、上司のパワハラがあったり、長時間勤務が不可避の部署であるなど）、その原因を除去できないのであれば、前述の配慮義務に照らし、積極的に配転を検討する必要があります。配転を検討せずに漫然と元の部署への復帰を命じ、うつ病が再発でもすれば、会社に安全配慮義務違反ありといわれても致し方ないでしょう。

もっとも、採用に際しての職種限定の合意や、本人のスキルや他の人員との兼ね合いなどから、他部署への異動が困難な場合があることも事実です。そのような場合は、うつ病の原因を除去するよう最大限の努力をした上で、本人と協議して、どのような条件で復職させるか話し合うことになるでしょう。

さて、配転希望の理由がうつ病の原因に関する事柄ではあっても、労働者に配転を希望する正当な理由があるとまではいえないケースも見受けられます。たとえば昇進を機にうつ病になり、役職なしの立場で復職させてほしいというようなケースです。

結局、このような場合には、労働者と話し合いをして、希望を受け入れた場合の会社側の業務上の不利益等についても説明し、理解を得るよう努力し、産業医の意見も聴いた上で、最終的には業務上の必要性の程度と労働者の受ける不利益の程度を比較考量して決するほかないでしょう。

うつ病の原因との関係がなくとも、たとえば、服薬治療を継続するため車の運転に不安があり、営業職ではなく内勤で復職したいといった配転希望が出されることもあります。うつ病は症状が回復してからも再発防止のため長期間服薬治療を継続する必要があることが一般的ですから、会社としては、できるだけ労働者の希望に合う復職の場がないか検討する必要があります。他部署での受け入れが可能であるにもかかわらず、あくまで原職での復職を求めることは、労働者が債務の本旨に従った労務の提供を申し出ているにもかかわらずその受領を拒絶したことになり、賃金の支払義務が発生してしまいます（111頁「片山組事件」参照）。

なお、配転の場合における賃金の問題については5（3）③で述べますので参照して下さい。

③ 就業時間帯の変更

うつ病の患者は、朝なかなか起きられないという場合があります。そこで、たとえば復職後1か月は午前9時から午後6時ではなく午前10時から午後7時までの勤務にしてほしいというような申し出がなされるケースもあります。

この程度の申し出であれば、復職自体が新たなストレスとなり得ることを考えても、特に業務に支障がないのであれば応じるべきでしょう。その際、このような特別措置を講じる期限をあらかじめ区切っておくことと、期限到来の際の処理について定めておくことは①の場合と同様に重要です。

もし会社にフレックスタイム制度があるようであれば、一定期間、その適用対象者とすることも検討してよいでしょう。

④ 時間外勤務の免除

残業や休日出勤等の時間外勤務については、それがうつ病の一因と思われる場合には、労働者からの申し出がなくとも、できる限りこれを命じないようにする配慮が必要です。

そもそも時間外勤務を命ずるためには就業規則や労働協約上これを命じうる旨の定めがあることが必要ですが、この定めがあるからといって労働者は命令されればいくらでも時間外勤務をしなければならないわけではなく、業務上の必要性に比して労働者の生活上の不利益が相当に大きい場合には、残業命令等が権利濫用として違法になる可能性があります。

うつ病から復職したばかりの労働者にとって、残業や休日出勤による生活上の不利益は相当に大きいことが考えられますから、業務上の必要性がそれほど高くない場合には、復職直後の労働者に対しては残業命令を出さない、会議が長引いた場合は途中で帰宅を許可する等の配慮が求められます。

長時間の勤務がうつ病の一因と思われない場合であっても、本人の希望があれば、やはり時間外勤務の免除や軽減は積極的に検討すべきでしょう。今般、精神疾患による労災認定において、一定時間以上の長時間労働により業務起因性が認められるという流れが加速しています。規則正しい生活はうつ病からの完全な回復のためにも重要といわれていますから、主治医や産業医の意見を聴いて、時間外勤務の点はできる限り配慮する必要があるものと思われます。

この場合に、配慮措置の期限をあらかじめ区切っておくこと、期限到来の際の処理についても合意しておくことが重要であることは、①や③の場合と同様です。

⑤ その他

以上のような要望のほか、勤務条件の変更とまでいえない配慮(たとえば、復職先部署の同僚にはうつ病で休職していたことを伏せてほしい、服薬のため机にペットボトルを持ち込むことを認めてほしいというような要望)を要望されることもありますが、その要望に相当の理由があり、かつそれに応じることが容易であって、業務上特段の支障がないのであれば、前向きに検討しましょう。

なお、いったん従来の業務に復職した後に、労働者からやはり体調が優れないなどの理由で上記①から⑤のような要望が出されることもありますが、基本的な考え方は同じといってよいでしょう。

(3) 会社側による復職後の労働条件変更

(2)では、労働者が労働条件変更を希望した場合の考え方について述べました。

これに対して、労働者は従前の業務に戻りたいとの希望を有していても、同僚や上司が受け入れに消極的であったり、業務の負荷や客対応の問題、あるいは当該労働者のうつ病再発リスクの問題から、会社側が労働条件を変更したいという場合があります。

会社による条件変更といっても、残業させたくなければ会社が命じなければ良いだけであり、既定の就業日・就業時間をその労働者だけ変更したいと会社が希望することもあまりありませんから、実際上問題になるのは主に配転や職位の降格等です。つまり、復職に際して別の部署・職種に配置転換したり、部長職を解くような場合が問題になります。

① 配転命令の可否

配転命令は、就業規則等にこれを命じうる根拠規定が存在するなど、労働者が自己の労働力の処分を包括的に使用者に委ねる旨の合意があるといえれば、会社が一方的に命じうるものです。配転は日本の多くの企業にとって、雇用調整等、経営の弾力性の観点から重要な機能を有しており、他方で労働者にとってはその労働者たる地位が脅かされるわけではありませんから、比較的会社の裁量が認められる余地が大きい人事権行使といえます。

もっとも、東京から地方への転勤のように、労働者が事実上または生活上受ける影響が大きい配転命令については、不当な動機・目的をもってなされたものである場合や労働者の受ける不利益が社会通念上甘受すべき範囲を著しく超

第7章 うつ病での休職から職場復帰する場合の対処法

える場合、不利益軽減の配慮義務を尽くさない場合に、権利濫用として違法・無効となりえます（東亜ペイント事件・最高裁昭和61年７月14日判決・判時1198号149頁）。

　以上の基本的な考え方によれば、うつ病による休職後に復職した労働者について、会社が業務上の必要から配置転換をすることは、その労働者と職種限定合意をしているような場合でない限り基本的に可能ですが、その配転命令によって労働者の受ける不利益が大きい場合には、それに充分配慮すべきであり、またその不利益もやむなしと思われる程度の業務上の必要性があることが求められる、ということになります。

　たとえば、労働者がもともといたA部署はすでに人員を補充してしまっている、あるいは同僚らが受け入れに難色を示しているが、B部署なら業務内容や就業場所もほぼ同じであるという場合のように、業務上の必要性があって労働者の不利益が特段ないような場合には、B部署への異動を命じることが可能と思われます。

　これに対して、その労働者のスキルが必要なプロジェクトが発生し、その部署への配置を求める声が上がったものの、そのプロジェクトは長時間勤務となることが見込まれることから本人は配転を希望しないようなケースでは、業務上の必要性も認められるものの、本人の受ける不利益も大きいと思われますので、本人とよく話し合い、また主治医や産業医の意見を聴いて判断することになるでしょう。ただし、本人を説得して配転した結果うつ病が再発して安全配慮義務違反を主張されるというリスクを考慮すれば、本人が希望しない場合は基本的にそれを重視したほうがよく、配転をすることとなった際には本人が納得する条件を提示するなどして、書面で合意を交わしておくようにすべきです。

　実際上多いケースとしては、本人は原職復帰を希望しているが、会社が再発を恐れてより軽微な部署での復職を命ずる場合が挙げられます。このような配転命令も、業務上の必要性ありといえるか、労働者に不利益はないのかといった点が問題になりますが、再発可能性の程度を見極めるため一定期間軽微な業務に就かせるといった目的があり、かつ処遇上の不利益もなく発せられる配転命令であれば、有効といえるであろうと思われます。

　もっとも、有効な配転命令であっても、うつ病からの復職者にとって環境の変化はそれ自体がストレスとなりえますし、目的をきちんと説明しておかないと、このまま解雇されるのではないかといった不安を労働者に抱かせ、うつ病

再発の誘い水になってしまう危険もありますので注意が必要です。

　いずれの場合でも、後日の紛争予防の観点からは、労働者が希望しない配転命令を出すにあたって、事前に労働者本人の意見を聴取し、業務上の必要性や配転の目的について説明して理解を求めた上で、本人に事実上・生活上の不利益があるか否か確認し、できる限り本人の同意を得るよう努力することが肝要です。

② 職位の降格

　配転命令に対して、部長職を解いて課長に任ずるような職位の降格については、特に就業規則に根拠がなくとも人事権の行使として会社に裁量が認められます。しかし、当然ながら合理的理由のない職位の降格は権利の濫用として認められませんし、役職手当がなくなるケースのように賃金減額を伴う場合は、降格の必要性がより厳密に判断されることとなります。

　復職に伴い職位を降格したい場合は、責任の重い役職では再発のおそれがあるという産業医の意見を得るなどして、本人に説明のうえで行ったほうがよいでしょう。場合によっては、一定期間降格するが、その間再発しなければ再び昇格させる等の条件を付すことも考えられます。

③ 配転や降格に伴う賃金の変更

　さまざまなケースがありえますが、まず、職種別の賃金体系であることにより、異なる職種への配転によって賃金が減額になる場合（営業職から営業事務職に配転するようなケース）があります。配転は一般的には賃金体系の異なる職種間では行われない前提であり、賃金の低い職種に配転するには原則として個別の同意を得ることが必要です。

　もっとも、復職に際し異なる職種への配転の必要性が高く、賃金の減額割合も小さいような場合には、うつ病の再発可能性を見極めるための一定期間だけといった限定があれば、無効とまでいえない可能性もありうるかもしれません。

　次に、降格を伴う配転命令によって賃金が減額になる場合があります。たとえば、A営業所の所長だった労働者をB営業所の副所長にするようなケースです。このような職位の降格は、②で述べたとおり、原則として会社の裁量的判断で可能です。具体的には、所長としての重圧に堪えられないと思われる場合に副所長に降格することも可能であり、その場合に役職手当の額が減るのもやむを得ません（手当の減額は、基本給の減額よりも緩やかな要件で認められます）。しかし、たとえば副所長時代には問題なく業務を遂行できていたが、所長就任

第7章　うつ病での休職から職場復帰する場合の対処法

後にうつ病になった者に対して、復職後に副所長より下位の職位（たとえば主任）に降格することは違法になりうるでしょうし、手当の減額幅が大きい場合には何らかの調整的措置を検討することも必要な場合があるでしょう。

同じ「降格」でも、職位の降格ではなく、職能資格を引き下げる「降格」をする場合は、少し話が違ってきます。職能資格は技能経験がどのレベルに到達したかという職務遂行能力を評価するものですから、通常は一度獲得したスキルを失うことは想定されていません。また、職能資格の引き下げは基本給の減額を伴います。したがって、労働者の受ける不利益は大きいといわざるを得ませんから、このような降格については個別の合意を要すると考えられます。もっとも、うつ病によりミスが多くなったり業務効率が落ちたりする場合があることも事実であり、そのような場合に職能資格を下げたいという事態もないとはいえません。そこで、このような事態に備えて、就業規則に職能資格引き下げの根拠規定を置いておくことをお勧めします。

最後に、職務等級制における等級の引き下げをする場合もあります。職務等級は労働者の業務遂行能力の程度を目標達成度や勤務成績に応じて格付けするものですから、業務効率が低下すれば、人事考課の結果を反映させて等級を引き下げることも会社の裁量的判断によって可能です。この結果賃金が減額になってもやむを得ません。もっとも、退職を誘導するための職務等級引き下げなど不当な目的による場合は、人事権の濫用として違法・無効となりえます。

（4）復職に関連して就業規則で規定しておくべき事項

どれほど配慮しても、再発可能性を否定できないのがうつ病です。うつ病の原因はさまざまであり、その人の生い立ちやまわりの環境の影響もありますし、本人の責任といって切り捨てることができないことも多いのですが、そうかといって、会社としてもいつまでも再発を繰り返す労働者を抱えておく余裕もないでしょう。

このような場合、就業規則にないと困る規定ベスト3は、休職期間満了時の自動退職規定、休職期間の通算規定、配転の際の賃金切下げ規定です。

① **休職期間満了時の自動退職規定**（モデル休職規程第10条第1項）

休職期間満了時の処遇について規定しないままの就業規則を見ることがあります。このような規定では、治癒しないまま休職期間満了を迎えてしまい、復職させたくない（あるいは復職させられない）場合には、会社としては解雇の意

思表示をせざるを得ず、紛争になる可能性が非常に高くなります。ここで、「休職期間満了までに復職しない場合には、休職期間満了日の経過をもって当然に退職とする」という条項があれば、労働者も退職を受け入れやすくなります（自動退職規定につき、休職期間満了による退職は解雇ではなく、雇用契約の自動終了事由とみるべきであると判示した裁判例として、昭和電工事件・千葉地裁昭和60年5月31日判決・判タ566号248頁）。

また、自動退職規定の存在は、その会社における休職制度の趣旨が「債務の本旨に従った労務の提供ができない労働者に対し、本来解雇が可能であるところ、一定期間、回復を待つために労務提供義務を免除し、解雇権の行使を猶予するための制度である」と解釈されるための一つの大きな要素になります。逆に、自動退職規定がないと、休職発令要件の規定ぶりにもよりますが、その会社の休職制度は、労働者が心身の故障から回復するために一定期間労務提供の免除を請求できる権利を認めたものであり、休職期間満了時には当然に復職するという性格を有する、などと解釈されてしまう可能性もないわけではありません。

さらに、次に述べる休職期間の通算規定とも関連しますが、復職後にうつ病が再発した場合にも、自動退職規定は威力を発揮します。

なお、自動退職規定を盛り込んでおいたとしても、休職期間満了時の退職は解雇にほかならないと主張され、その効力を争われる可能性はあります。しかし、規定があれば労働者に対する説明がしやすく、納得も得られやすいことから、紛争になる可能性は格段に低くなるといえますから、会社には必ず規定しておいていただきたい条項です。

② **休職期間の通算規定**（モデル休職規程第12条）

うつ病は、身体的な故障と異なり、治癒の判断が困難な病気です。いったん症状が良くなったと思っても、しばらく経つとちょっとしたきっかけでまた具合が悪くなることもありますし、それを繰り返しながら良くなっていくこともあります。

復職後にうつ病が再発した場合、再度休職をさせたい場合や、安全配慮義務の観点から休職させる必要がある場合もあります（→**第5章**参照）。しかし、休職期間の通算規定がないと、数か月休職しては復職し、すぐにまた数か月の休職に入るといったことを繰り返す労働者が現れる可能性があります。それぞれの休職期間満了時には治癒証明を持ってきて復職を申し出るわけですから、自

第7章 うつ病での休職から職場復帰する場合の対処法

動退職の規定を適用することもできません。場合によっては、意図的に長期間の休職を繰り返しているのではないかと疑われる事例すらあります。

このようなケースに対応するため、労働者が復職後1年以内に同一ないし類似の私傷病を発病した場合には休職を命じることができ、その場合の休職期間は復職前の休職期間の残日数以内とする旨の規定を置くことが必要です。つまり、休職期間の上限が6か月との定めがある場合において、最初の休職命令が3か月間であり、実際には休職開始後2か月で復職した場合、復職後1年以内にうつ病が再発したときは、2度目の休職期間の上限は4か月となります。

このような規定がある場合、上限いっぱいの6か月休職した後に復職し、その後再発してしまった場合には、再度の休職命令を出す残枠がありません。したがって、①の自動退職規定と合わせて、再度の休職命令と同時に自動退職という説明が可能となります（実質的には、再度の休職命令イコール解雇の意思表示であるということになると思われますが、労働者の納得を得るための説明方法としては効果的です）。

休職期間を上限まで使い切り、休職期間満了時に復職可能との診断書を提出してきているが、自動退職を避けるために無理をしているように見受けられる場合があります。このような場合に、再発したら退職する旨の合意書を交わしたいという相談を受けることもありますが、本人も好きこのんでうつ病になるわけではありませんし、本人の再発に対する不安を増幅させるような方法はお勧めできません。しかし、休職期間の通算規定と自動退職規定を置いておくことで、そのようなあからさまな方法を回避することができます。また、休職期間を延長できる旨の規定もあれば、それを利用してさらに柔軟な対応をすることも可能になります。

③ 配転の際の賃金切下げ規定（モデル休職規程第13条第5項、第6項）

復職に関して設けておくべき規定の3つめは、復職に際して賃金の減額を伴う配転をすることがある旨の包括的根拠規定です。（3）で述べたとおり、配転自体が制限されることは多くありませんが、うつ病からの復職者については従前よりも軽微な職に就かせることも多く、その分賃金を減額したいという相談も多く寄せられます。しかし他方で、このような場合に本人から個別の合意を取り付けることは難しく、就業規則に規定がなければ、軽微な職務なのに従前どおりの賃金を支払うか、あるいは再発リスクを承知で従前の職務に戻すかという判断をせざるをえないことになってしまいます。

賃金減額は労働者にとって非常に重要な不利益ですから、このような規定さえ置いておけば、賃金減額を伴う配転がいくらでも可能になるというわけではありません。しかし規定がないと、規定さえあれば可能な配転すらできないということになってしまうのです。

　もし、このような規定がないけれども賃金減額を伴う配転をしたいという場合には、本人の合意書を得るほかありません。もちろん、そのような合意の効力は問題になりえますが、労働者の納得を得ておくことで、後日紛争にまで発展することを予防する効果はあります。また、労働者がどうしても賃金引き下げに合意しない場合は、賃金の引き下げはできません。賃金に見合った労務を提供できていないことの証拠を収集して、労働者と協議を継続し、説得するほかないでしょう。

　このような不毛な争いを避けるためにも、就業規則を早急に見直し、最低でもここに掲げた3つの条項は必ず入れていただきたいと思います。

第7章　うつ病での休職から職場復帰する場合の対処法

6 復職後、精神疾病が再発した場合の措置

(1) はじめに

　うつ病で休職をした社員が、復職後、そのまま継続的に業務に従事できればよいのですが、短期間の間に再度同様の疾患を発症し、業務に従事することに差障りが出る場合がままあります。

　このような場合、どのように対応すればよいでしょうか。

　対応としては大きく分けて、①経過を観察する、②軽減業務等への精神的負荷の少ない業務に替える、③再度休職させる、④解雇する、の4つが考えられるところです。

　このうちどのような対応をとればよいかは症状の程度等にもよりますので、一概に断定することは困難ですが、現に業務に差障りが出ている―すなわち客観的になんらかの精神的疾患に罹患している蓋然性が高い―場合には、漫然と放置するのは避けるべきです。既に、本章の5でも指摘したとおり、主治医・指定医・産業医等と緊密に連携をとりながら、本人の意向も確認しつつ、軽減業務への配置転換等を慎重に対応すべきです（具体的な措置については本章の5を参照してください）。

　では、①②の対応では間に合わない場合（休職が必要と認められる場合）会社としては、どうすべきでしょうか。会社が、当該従業員の能力を高く評価し、なお戦力として必要と考えるのであれば、再度の休職を付与すればよいでしょう。問題になるのは、当該従業員本人の能力の欠如や人事制度上の弊害（たとえば復職後に充てるべきポストがない等）で、退職してもらいたいときです。このような場合、再度の休職をさせずに解雇をしてもよいのでしょうか。

(2) 再度の休職に付す必要性

　この点、休職規定の恩恵的性格を重視すれば、再度の休職に付さず、直ちに解雇することも可能と思われます。

　しかし、ことはそう単純ではありません。

　たしかに、（就業規則上権利として保障する形になっていれば別段）休職規定によって、解雇されない利益が労働者に保障されているとはいえ、会社には、解雇するか否か、休職に付すか否かについてそれぞれ裁量があるといえるで

しょう。しかし、そうはいっても裁量権を逸脱した場合には解雇は無効になるとされます。復職後に再発したことを理由になされた解雇の有効性が争われた事案はごく稀なため一般化することは難しいのですが、カンドー事件（東京地裁平成17年2月18日判決・労経速1904号3頁・労判892号80頁）では、「休職期間は最大2年であるところ……前回の休職期間は7か月余りに過ぎないことからすると治療の効果が期待できるのであれば、再度の休職を検討するのが相当である」と判断されているところです。また、復職後に精神的疾患が再発したのではなく最初に精神的疾患に罹患した場合に関するものですが、治療の見込みや復職の可能性を検討せずに直ちに解雇することは無効とする裁判例等（大阪高裁平成14年8月29日判決・労判837号47頁）があります。また、一方で、解雇権濫用ではない（解雇有効）とされた例としては、休職までの欠勤期間6か月及び休職期間3か月を経過したとしても就労不能であったというような場合（東京地裁平成14年4月24日判決・労判828号22頁）等があります。

このような裁判例の傾向を踏まえると、原則として
● 重篤な症状で休職期間を経過しても全く回復の見込みがない
● 頻繁に休職を繰り返し労務の提供が全くない

というような事情がない限りは、原則として、再度の休職を認めるべきでしょう（既に休職期間を使い切っている場合については下記（4）を参照してください）。

(3) 休職期間について

では、再度の休職を認めるとして、どの程度の期間、休職に付する、換言すれば、解雇を猶予するべきでしょうか。

モデル休職規定では、復職後の再発の場合における休職期間は、「復職前の休職期間の残日数以内」と定めておりますので、原則として、最大でこの「残日数」になります。

では、このような「通算規定」がない場合、再度、休職期間全部を付与しなければならないのでしょうか。この点、解雇猶予を最終目的として設計された休職制度の趣旨にかんがみれば、必ずしも、休職満期相当期間を再度認める必要はないといえましょう。とはいえ、そもそも休職期間が当該病気療養に要する一般的な期間と比較しても短期間であったような場合には、単純に「復職前の休職期間の残日数」さえ解雇を猶予すればよいとは、必ずしもいえないと考えます。少なくとも、通常であれば、前休職期間と再度休職期間を加算した期

間をもって回復を期し得る、という程度の期間が必要ではないかと考えます。また、前休職から再発まで相当長期間通常勤務可能であったような場合には、疾病名は同一でも別個の疾病として前疾患の「再発」と捉えることが適当でない場合もありえ、その場合には、再度、休職期間全部を付与するのが適当といえましょう。事柄の性質上、休職に付すべき期間を定量的に提示することは困難ですが、前休職期間・再発までの期間の長短や、復職に至る経緯、罹患前の勤務状況等の諸般の事情を考慮して、個別具体的に相当の期間を決定するほかないと考えます。

なお、モデル休職規定では、休職期間の通算を行うのは、「同一・類似疾病」に限定していますが、私傷病休職制度は、会社の恩恵的な解雇猶予措置として設計すべきですから、極端に休職期間が短いのでない限り、傷病の種類を問わず通算する取扱いをしても無効ではないと考えられます。

（4）前休職により休職期間を使い切っていた場合

ところで、前休職により休職期間を使い切っていた場合には、どう考えればよいのでしょうか。

まず、モデル休職規定のように、休職期間の通算を行う規定を置いていた場合には、これに従います。すなわち、原則として、再度の休職は付さないで解雇可能、ということです。

「通算規定」がない場合でも、休職期間は、一旦長期間会社を休んで治療させることで、その後は、継続的に勤務させることを前提とした制度であることにかんがみますと、ごく短期間で回復する見込みであるとか、前休職期間が到底治癒を期し得ないごく短期なものであるとか、前休職から再発まで長期にわたり通常勤務可能であったといった場合は別段、そうでない限り、原則として再度の休職に付すことなく解雇可能と考えます。

〈コラム：産業医の立場より〉
◆ 古典的うつ病労働者の復職について ◆

うつ病での休職後の復職の判断や復職後のフォローは、精神科を専門とする産業医でないと難しいところも多いため、以下はその立場からの記述です。
回復期になってくると本人の職場復帰への不安や焦りが出てくることが多く、この時期にはそれらを緩和するうえでも、復職へのマイルストーンとし

て、産業医面談を月に一回程のペースで定期的に行い病状の評価と復職に向けた環境調整をしていくのがよいでしょう。リハビリ出社制度のある会社ではこの時期に試みてもよいと思われます。長期休職者の場合は、毎朝定時に会社に行くことですら一苦労ですので、まずは朝の出社から始め、大丈夫であれば単純作業を昼まで行うというように徐々に負荷を上げていきます。その中で、業務遂行能力の程度を予測し、復職の方法や時期について模索していきます。

　本人が復職を希望し、主治医からの復職可との診断書を持参したら、復職面談を組みます。というのも、主治医が主に評価しているのは日常生活においてのうつ病の回復であり、就労が可能なレベルとの間に乖離があることがあるからです。復職面談ではまず産業医が精神症状を再評価し、職場で迷惑行為を起こさないかチェックしていきます。その後に上司や人事の担当者も交えて、どの程度環境調節や業務の負荷の調節が可能か相談していきます。発病前の100％のパフォーマンスを求めると復職が難しい例が多いものの、会社としては実働部隊とならない従業員を抱えるほどの余裕がないのも実情です。よってこのすり合わせを行い、その結果出された業務を本人が行う能力があるかをチェックしていきます。復職直後に負荷をかけすぎると再発の可能性が上がるため、このチェックは非常に大切です。可能であれば当初は残業や休日勤務を禁止し、仕事量を通常より軽減し、内容についても複雑な対人折衝を必要とする仕事は避け、なるべく単純作業から開始するなど、負荷は徐々に上げていくことが望ましいと考えられます。

　職場復帰の際はもとの部署に戻ることが原則となりますが、休職前の職場環境に明らかな原因があったとか、本人の適性に合わない仕事内容であった等の場合では、部署の変更が望ましい場合もあります。しかし、ポジションによる採用をしている企業などでは、対応が難しい場合も多く見受けられます。またこの時期の出張や転勤も避けたほうがよいでしょう。またうつ病が回復期に入っても通常は精神科外来受診を継続し内服を続ける必要があるため、通院が可能なように配慮する必要があるでしょう。

　こうした配慮を求めるために、本人の同意を得た上で、会社の同僚や直属の上司など、限定した人々に本人の状況や講じる処置を必要最小限に説明することがありますが、原則として、周囲の人々には通常どおりに接してもらうようにします。

　復職後は再発の兆候がないかチェックし、回復に合わせて負荷量を調整していくために、定期的な産業医面談を行なっていきます。再発の兆候としては、不眠、イライラなどの神経過敏、パフォーマンスがさらに低下する、遅刻・欠勤が増えるといったことがサインとなることが多いようです。そのようなサインがあった場合には病状・治療状態の把握および負荷量の再調節が必要な場合があるので、産業医面談につなげてください。回復期にはそれまでの休養を中心とした保護的な生活から、現実への直面化が一気に起こるた

第7章　うつ病での休職から職場復帰する場合の対処法

め、不安定となりやすい時期でもあります。思わぬ自殺などの行動化を防ぐためにもこのような定期的なフォローが会社としても大切となってきます。

　一度うつ病にかかった方の再発率は約50％といわれていますが、再発を繰り返すたびにより長期の休職が必要になるなど重症化し、過去に3回のうつ病のエピソードがあるとその再発率は90％以上ともいわれるなど、その後の再発のリスクも増えることが知られています。慎重に復職を進めることで、本人のうつ病の予後だけでなく職業生命や長い目でみた会社の被る損失を軽減することができると考えられます。

第8章
うつ病をめぐる補償と企業の責任

1 うつ病と企業のリスク

　第2章から**第7章**を通じ、うつ病に対する企業の対応策について述べてきました。これらの対応策は、社員がうつ病になることを防止し、あるいはうつ病になってしまった後の事態の悪化を防ぐための手段です。本章では、結果として社員がうつ病になってしまった際に、法律上どのような結果が想定されるかについてまとめます。

　2では社員がうつ病になった場合に、当該社員が法律に定める保険制度から受けることができる給付や補償について述べます。これらの制度を充分理解することによって、社員に対する説明や、前章までに述べた対応策の検討に活かすことができるでしょう。

　また、**3**以下は、社員のうつ病に関連して使用者である会社が想定しなければならない法的リスクについて概説します。**3**、**4**では、労災保険制度との関係で、うつ病が「労災」と認定される場合について、**5**、**6**では、使用者が社員のうつ病発症について、損害賠償請求という形で民事責任を問われる場合について、それぞれの法的根拠について概説するとともに裁判例（特に前章までで扱っていないもの）を概観します。前章までに検討した対応策は、最終的にはこのような法的リスクを回避または減少することを目指しています。**本章**の内容を念頭に置いて**前章**までの対策に取り組むとよいと思われます。

第8章　うつ病をめぐる補償と企業の責任

2　社員がうつ病になった場合の補償について

(1) 健康保険制度の給付

　健康保険は業務外の傷病等を対象にしています。うつ病に関連した主な給付と支給手続を紹介します。（ただし、会社が管理することの少ない高齢者及び退職者を対象とする内容については一部省略しています。）

　① 療養の給付と入院時の給付

　被保険者が業務外の病気・ケガをして病院等で診療を受けるときや、医師の処方箋に基づいて保険薬局で調剤を受けるときに、健康保険の被保険者証を提示することにより、診療や調剤という給付（現物給付）を受けられます。その場合の窓口での自己負担額は、70歳未満の被保険者が3割です。また入院中の食事も現物給付され、その場合には1食あたり260円を負担します（住民税非課税者等については別に定められています）。

　② 高額療養費制度

　入院や長引く療養で医療費の自己負担額が高額となったとき、一定の金額（自己負担限度額）を超えた部分が払い戻されます。ただし、保険外併用療養費の差額部分や入院時食事療養費、入院時生活療養費の自己負担額は対象になりません。

　また、健康保険組合によっては、付加給付によりさらに負担が軽減される場合があります。

　③ 傷病手当金

　要件に該当したときに、支給開始日から1年6か月の期間を上限として支給されます。支給額は1日あたり標準報酬日額の3分の2となります。健康保険組合によっては、支給期間が1年6か月より長いなどの、独自の付加給付を設定している場合があります。

〈傷病手当金支給のための要件〉

○病気・けがで療養中であること	申請期間における医師の証明が必要です。
○仕事につけないこと	労務不能であるという、医師の証明が必要です。
○連続3日間療養のために休むこと	休業4日目から支給されます。

○十分な給与を受けられないこと	一部給与を受けていても、傷病手当金の額より少ないときは、差額が支給されます。傷病手当金の金額を上回る場合には、支給されません。

　いったん復職し再発して再度休職するような場合でも、同じ傷病については最初の支給開始日から1年6か月以内とされますので、会社が休職を認めることと傷病手当金の可否の判断には直接関連がないことに注意が必要です。

　支給手続は、医師の証明と事業主の証明を経て、被保険者名で行いますが、実際には会社が提出管理をしていることがほとんどです。医師の証明の度に手数料がかかることを考えると、あまりに頻繁に会社から申請書の提出を求めるのは無理があります。病状の報告を兼ねているのであれば1～2か月おきとする例が多いようです。

　④　埋葬料（費）

　被保険者が死亡したときは、5万円の埋葬料が家族に支給されます。死亡した被保険者に家族がいないときは、埋葬を行った人に、埋葬料の額の範囲で、埋葬にかかった費用が埋葬費として支給されます。自殺による死亡にも支給されます。

　⑤　退職後の給付

　継続して1年以上被保険者だった社員が傷病手当金を受けている場合、または要件を満たしている場合、資格喪失後にも傷病手当金を受け取ることができます（継続給付）。また、資格喪失後3か月以内に死亡したとき、もしくは退職後の傷病手当金を受けている間または受けなくなって3か月以内に死亡したときは、埋葬料（費）が支給されます。

　いずれも退職日より後の給付の請求については、事業主の証明は必要ありません。

（2）労災保険制度の給付

　労災保険制度は、業務上の傷病または負傷等を対象にしています。うつ病に関して検討されることの多い給付について説明します。特にうつ病については事前に労働基準監督署に添付資料などを確認し、進めるようにしてください。

〈労災給付の全体像〉

　①　療養補償給付

　労災指定病院等に「療養補償給付たる療養の給付請求書」を提出することに

第8章　うつ病をめぐる補償と企業の責任

労災保険給付の概要

```
┌─────────────────────────┐      ┌─────────────────────────┐
│ 業務災害・通勤災害による傷病等 │      │   定期健康診断等の異常の所見   │
└─────────────────────────┘      └─────────────────────────┘
              │ 負傷・疾病                        │
              ▼                                  ▼
```

療養(補償)給付

療養の給付	療養の費用
労災病院や労災指定医療機関等で療養を受けるとき	労災病院や労災指定医療機関等以外で療養を受けるとき

休業(補償)給付
傷病の療養のため労働することができず、賃金を受けられないとき

傷病(補償)年金
療養開始後1年6か月たっても傷病が治ゆ(症状固定)しないで障害の程度が傷病等級に該当するとき

二次健康診断等給付
事業場が実施する定期健康診断等の結果、脳・心臓疾患に関連する一定の項目(血圧、血糖、血中脂質、肥満)の全てについて異常の所見があると認められるとき
※船員については対象外

死亡 → **遺族(補償)給付**

年　金	一時金
労働者が死亡したとき	労働者が死亡し、遺族(補償)年金を受け得る遺族がまったくいないとき等

葬祭料(葬祭給付)
労働者が死亡したとき

治ゆ → **障害(補償)給付**

一時金	年　金
傷病が治ゆ(症状固定)して障害等級第8級から14級までに該当する身体障害が残ったとき	傷病が治ゆ(症状固定)して障害等級第1級から7級までに該当する身体障害が残ったとき

介護(補償)給付
障害(補償)年金又は傷病(補償)年金の一定の障害により、現に介護を受けているとき

(出典:厚生労働省「労災保険給付の概要」パンフレットより)

より療養や薬の調剤といった現物給付を受けることができますが、療養補償給付請求書を直接医療機関に持ち込んだとしても、うつ病の場合には認定に時間がかかること、必ずしも認定されるとは限らないことから、いったんは全額医療費を求めるよう取り扱う医療機関もあるでしょう。

そのような場合や、労災指定病院等以外で診療や薬の調剤を受けて全額を支払った場合には、領収書とともに「療養補償給付たる療養の費用請求書」を事業所管轄の労働基準監督署に提出することで手続を行います。

うつ病の業務上・外については厚生労働省が作成した「心理的負荷による精神障害等に係る業務上外の判断指針」（後述）により判断されます。

② 休業補償給付

医師の証明と事業主の証明を経て、労働者名で労働基準監督署へ「休業補償給付支給請求書」を提出することとなりますが、うつ病以外の一般的な傷病であれば会社が提出管理をすることがほとんどです。一方うつ病に関しては、最初から業務上だと会社が認めるケースは多くなく、労働者に証明を求められた場合には、対応するかどうかを会社は判断しなくてはなりません。また、証明しない場合にも、労働者から請求書が労働基準監督署に提出され、受理されたとなると、労働基準監督署が行う調査への協力は必要になります。

なお、休業補償給付に該当する日ごとに請求権が発生し、その翌日から2年を経過すると時効にかかります。

③ 遺族補償給付

自殺により亡くなった後に、検討されることが多いようです。亡くなった日の翌日から5年を過ぎると、時効にかかります。

労災では従来、自殺は故意であるため保険給付を行わないとされていましたが、平成11年9月14日付の通達（基発第545号）で、「業務上の精神障害によって、正常の認識、行為選択能力が著しく阻害され、又は自殺行為を思いとどまる精神的な抑制力が著しく阻害されている状態で自殺が行われたと認められる場合」に保険給付の対象とするとされました。

④ 障害補償給付

うつ病の場合の障害に関しては「神経系統の機能又は精神の障害に関する障害等級認定基準」により、精神症状や能力、労務に服することができるかどうか、労務の内容が限定されるかどうか、などの項目で判断されます。

ところでこの基準には「業務による心理的負荷を原因とする非器質性精神障

害は、業務による心理的負荷を取り除き、適切な治療を行えば、多くの場合概ね半年〜1年、長くても2〜3年の治療により完治するのが一般的であって、業務に支障の出るような後遺症状を残すケースは少なく、障害を残した場合においても各種の日常生活動作がかなりの程度でき、一定の就労が可能となる程度以上に症状がよくなるのが通常である。」と注意書きがあります。今現在は、業務上のうつ病として障害補償給付がなされるケースは少ないものとする行政側の姿勢が伺えます。

(3) 健康保険と労災保険の切り分け

　健康保険法による給付の対象は「業務外」とされており、一方、労災保険法による給付の対象は「業務上」とされています。法令では、初診の段階で、原因が業務上であるかそうでないか明確に切り分けられることを前提としています。そして「業務上」とされた疾病については、健康保険を使って診療を受けてはいけないことになります。

　ところが、うつ病はそう簡単にいかず、業務上か業務外かという切り分けが問題になるのは後になってからです。労災申請の時点では、すでに健康保険の療養の給付を受けており、休職中も健康保険制度の傷病手当金を受給しているケースがほとんどです。そのような場合に、後から労災の認定が下りれば精算が必要となります。

3 労災保険制度を巡る法的問題

(1) 労災給付の要件

労災保険法に基づく保険給付を受けるためには、ア．業務遂行性の要件、及びイ．業務起因性の要件を充足しなければなりません。それぞれの内容は以下のとおりです。

　ア　業務遂行性：労働契約に基づき事業主の支配下にあること。
　イ　業務起因性：労働者が労働契約に基づき事業主の支配下にあることに伴う危険が現実化したものと経験則上認められること。

従業員が精神疾患を発症させるケースでは、従業員が雇用契約に基づいて労務を提供していることは明確である場合が多いため、ア．業務遂行性の要件が問題になることはほとんどありません。

問題となるのは、イ．業務起因性の要件のほうです。精神疾患は、職場におけるストレスだけではなく、私生活上の問題や従業員の性格傾向など個体側の要因に基づいて、あるいはこれらがあいまって発生することもあるため、当該精神疾患が業務に起因して発生したものであるか否かは判断が難しい場合があり、問題となります。

(2) 業務起因性の判断基準

そこで、旧労働省は、精神疾患が業務に起因して発生したものであるか否かを判断するため、「心理的負荷による精神障害等に係る業務上外の判断指針について」と題する通達（平成11年9月14日付け基発第544号。以下、「業務上外の判断指針」といいます。）を出しています。この業務上外の判断指針は、平成21年4月6日に、心理的負荷のかかる出来事の中に「嫌がらせ、いじめ」を追加するなどの一部改定がなされています。

この業務上外の判断指針は、うつ病等の精神疾患が、環境要因的ストレスと個体側の反応性・脆弱性の相関関係によって発症するとするストレス脆弱性理論に基づいて、業務起因性の有無を判断するものです。

実務においては、この通達を基準に業務起因性が判断されています。たとえば、従業員が労災を申請した場合には、労働基準監督署は、当該通達に従って、業務起因性の有無を判断します。また、裁判所においても、当該通達に依拠し

第8章　うつ病をめぐる補償と企業の責任

た判断を行う下級審裁判例が多数を占めています。

では、当該通達では、どのように業務起因性が判断されているのでしょうか。

以下の解説は、厚生労働省の業務上外の判断指針を解説しますが、便宜上、154頁〜160頁の**別表1**ないし**3**とフローチャートを基に解説を行います。

まず、業務起因性が認められるためには、以下の3つの要件を充足しなければなりません。

> ア．対象疾病（別紙 F0〜F4）に該当する精神障害を発病していること
> イ．対象疾病の発症前おおむね6か月の間に、客観的に当該精神障害を発病させるおそれのある業務による強い心理的負荷が認められること
> ウ．業務以外の心理的負荷及び個体側要因により当該精神障害を発病したとは認められないこと。

（a）国際疾病分類 F0〜F4に該当すること（アの要件）

労災補償の対象とされる精神疾病は、まず、国際疾病分類のF0〜F4に該当しなければなりません。以下の「ICD-10第V章『精神および行動の障害』の分類」は、国際疾病分類の「精神および行動の障害」に分類される精神障害です。国際疾病分類に依拠するのは、この分類の使用を世界保険機構（WHO）が推奨しており、我が国でも広く使われている分類だからです。

ICD-10第V章「精神および行動の障害」の分類

F0	症状性を含む器質性精神障害
F1	精神作用物質使用による精神および行動の障害
F2	統合失調症、統合失調型障害および妄想性障害
F3	気分〔感情〕障害
F4	神経症性障害、ストレス関連障害および身体表現性障害
F5	生理的障害および身体的要因に関連した行動症候群
F6	成人のパーソナリティおよび行動の障害
F7	精神遅滞〔知的障害〕
F8	心理的発達の障害
F9	小児期および青年期に通常発症する行動および情緒の障害、特定不能の精神障害

この分類のうち、F5～F9の精神疾病は、業務との関連で発症する可能性は少ないと考えられており、したがって、まず、業務起因性が認められるためには、発症した精神疾病がF0～F4に該当しなければなりません。

(b) **発症前おおむね6か月の間に、客観的に当該精神障害を発病させるおそれのある業務による強い心理的負荷が認められること（イの要件）**

国政疾病分類F0～F4に該当する精神疾病の発症が認められる場合には、次に、精神疾病が発症するおおむね6か月前に、業務による強い心理的負荷があったか否かが判断されます。業務による強い心理的負荷があったか否かは、154頁～155頁の**別表1**の「職場における心理的負荷評価表」に従って判断します。

別表1の職場における心理的負荷評価表では、職場において心理的負荷を生じさせる出来事を類型化しています。出来事ごとに、当該出来事が労働者に与える(1)平均的な心理的負荷の強度を設定し、それに(2)当該出来事の個別具体的な状況を斟酌し、心理的負荷の強度を判定します。心理的の強度「Ⅰ」は日常的に経験する心理的負荷で一般的に問題とならない程度の心理的負荷、心理的負荷の強度「Ⅲ」は、人生の中でまれに経験することもある強い心理的負荷、心理的負荷の強度「Ⅱ」は、その中間に位置する心理的負荷を意味します。☆印は、一般人を基準にした場合の心理的負荷の強度を示しています。

このように生じた出来事が客観的に持つ心理的負荷の強度を評価した上で、(3)当該出来事が生じたことに伴う影響がどの程度、持続、拡大、あるいは改善したかを評価します。多方面から検討して、同種の労働者と比較して業務内容が困難で、業務量も過大である等と認められる場合には「相当程度過重」と評価し、多方面から検討して、同種の労働者と比較して業務内容が困難であり、恒常的な長時間労働が認められ、かつ、過大な責任の発生、支援・協力の欠如等に困難な状況が認められる場合には、「特に過重」と評価します。

そして、客観的な心理的負荷の強度が「Ⅲ」と評価され、出来事に伴う心理的負荷が「相当程度過重」と評価される場合、及び、客観的な心理的負荷の程度が「Ⅱ」の場合であっても、出来事に伴う心理的負荷が「特に過重」の場合には**別表1**の総合評価が「強」とされ、業務外の要因、及び個体側の要因がなければ、業務起因性を認めて差し支えないとされます。

第8章 うつ病をめぐる補償と企業の責任

(別表1)

表1　職場における心理的負荷評価表

出来事の類型	具体的出来事	心理的負荷の強度 I・II・III	修正する際の着眼事項
①事故や災害の体験	重度の病気やケガをした	III	被災の程度、後遺障害の有無・程度、社会復帰の困難性等
	悲惨な事故や災害の体験(目撃)をした	II	事故や被害の大きさ、恐怖感、異常性の程度
②仕事の失敗、過重な責任の発生等	交通事故(重大な人身事故、重大事故)を起こした	II	事故の大きさ、加害の程度、処罰の有無等
	労働災害(重大な人身事故、重大事故)の発生に直接関与した	II	事故の大きさ、加害の程度、処罰の有無等
	会社の経営に影響するなどの重大な仕事上のミスをした	III	失敗の大きさ・重大性、損害等の程度、ペナルティの有無
	会社で起きた事故(事件)について、責任を問われた	II	事故の内容、関与・責任の程度、社会的反響の大きさ、ペナルティの有無等
	違法行為を強要された	II	行為の内容、強要に対する諾否の自由の有無、強要の程度、社会的影響の大きさ、ペナルティの有無等
	自分の関係する仕事で多額の損失を出した	II	損失の内容・程度、関与・責任の程度、ペナルティの有無等
	達成困難なノルマが課された	II	ノルマの困難性、強制の程度、ペナルティの有無、達成できなかった場合の影響等
	ノルマが達成できなかった	II	ノルマの内容、困難性・強制性・達成率の程度、ペナルティの有無、納期の変更可能性等
	新規事業の担当になった、会社の建て直しの担当になった	II	プロジェクト内での立場、困難性の程度、能力と仕事内容のギャップの程度等
	顧客や取引先から無理な注文を受けた	II	顧客・取引先の位置付け、要求の内容等
	顧客や取引先からクレームを受けた	II	顧客・取引先の位置付け、会社に与えた損害の内容・程度等
	研修、会議等の参加を強要された	★	研修・会議等の内容、業務内容と研修・会議等とのギャップ、強要に対する諾否の自由の有無、強要の程度、ペナルティの有無等
	大きな説明会や公式の場での発表を強いられた	★	説明会等の規模、業務内容と発表内容のギャップ、強要、責任の程度等
	上司が不在になることにより、その代行を任された	★	内容、責任の程度、代行の期間、本来業務との関係等
③仕事の量・質の変化	仕事内容・仕事量の大きな変化を生じさせる出来事があった	II	業務の困難度、能力・経験と仕事内容のギャップ、責任の変化の程度等
	勤務・拘束時間が長時間化する出来事が生じた	II	勤務・拘束時間の変化の程度、困難度等
	勤務形態に変化があった	☆	交替制勤務、深夜勤務等変化の程度等
	仕事のペース、活動の変化があった	☆	変化の程度、強制性等
	職場のOA化が進んだ	☆	研修の有無、強制性等

出来事の類型	具体的出来事	心理的負荷の強度 I・II・III	修正する際の着眼事項
④身分の変化等	退職を強要された	III	解雇又は退職強要の経過等、強要の程度、代償措置の内容等
	出向した	☆	在籍・転籍の別、出向の理由・経過、不利益の程度等
	左遷された	☆	左遷の理由、身分・職種・職制の変化の程度等
	非正規社員であるとの理由により、仕事上の差別、不利益取扱いを受けた	☆	差別、不利益の内容・程度等
	早期退職制度の対象となった	★	対象者選定の合理性、代償措置の内容等
	転勤をした	☆	職種、職務の変化の程度、転居の有無、単身赴任の有無、海外の治安の状況等
	複数名で担当していた業務を1人で担当するようになった	★	業務の変化の内容・程度等
	配置転換があった	☆	職種、職務の変化の程度、合理性の有無等
⑤役割・地位等の変化	自分の昇格・昇進があった	☆	職務・責任の変化の程度等
	部下が減った	☆	職場における役割・位置付けの変化、業務の変化の内容・程度等
	部下が増えた	☆	教育・指導・管理の負担の内容・程度等
	同一事業場内での所属部署が統廃合された	★	業務の変化の内容・程度等
	担当ではない業務として非正規社員のマネージメント、教育を行った	★	教育・指導・管理の負担の内容・程度等
⑥対人関係のトラブル	ひどい嫌がらせ、いじめ、又は暴行を受けた	★	嫌がらせ、いじめ、暴行の内容、程度等
	セクシュアルハラスメントを受けた	☆	セクシュアルハラスメントの内容、程度等
	上司とのトラブルがあった	☆	トラブルの内容、程度等
	部下とのトラブルがあった	☆	トラブルの内容、程度等
	同僚とのトラブルがあった	☆	トラブルの内容、程度、同僚との職務上の関係等
⑦対人関係の変化	理解してくれていた人の異動があった	☆	
	上司が替わった	☆	
	昇進で先を越された	☆	
	同僚の昇進・昇格があった	☆	

3　労災保険制度を巡る法的問題

(3) (1)の出来事後の状況が持続する程度を検討する視点 (「総合評価」を行う際の視点)		(3) (1)の出来事後の状況が持続する程度を検討する視点 (「総合評価」を行う際の視点)	
出来事に伴う問題、変化への対処等	持続する状況を検討する際の着眼事項例	出来事に伴う問題、変化への対処等	持続する状況を検討する際の着眼事項例
○仕事の量（労働時間等）の変化後の持続する状況 ・所定外労働、休日労働の増加の程度 ・仕事密度の増加の程度	①恒常的な長時間労働が出来事以後にみられた	○職場の物的・人的環境の変化後の持続する状況 ・騒音、暑熱、多湿、寒冷等の変化の程度 ・対人関係・人間関係の悪化	①対人関係のトラブルが持続している
	②多忙な状況となり、所定労働時間内に仕事が処理できず、時間外労働が増えた		②職場内で孤立した状況になった
	③休日出勤が増えた		③職場での役割・居場所がない状況になった
	④勤務時間中はいつも仕事に追われる状況となった		④職場の雰囲気が悪くなった
	⑤その他（仕事の量（労働時間等）の変化に関すること）		⑤職場の作業環境（騒音、照明、温度、湿度、換気、臭気など）が悪くなった
			⑥その他（職場の物的・人的環境の変化に関すること）
○仕事の質・責任の変化後の持続する状況 ・仕事の内容・責任の変化の程度、経験、適応能力との関係	①ミスが許されないような、かなり注意を集中する業務となった	○職場の支援・協力等の欠如の状況 ・訴えに対する対処、配慮の欠如の状況等 ・上記の視点に関わる調査結果を踏まえ、客観的にみて問題への対処が適切になされていたか等	①仕事のやり方の見直し改善、応援体制の確立、責任の分散等、支援・協力がなされていない等
	②それまでの経験が生かされず、新たな知識、技術が求められることとなった		②職場内のトラブルに対する処理がなされていない等
	③深夜勤務を含む不規則な交替制勤務となった		③その他（職場の支援・協力等の欠如の状況に関すること）
	④24時間連絡が取れるなど、すぐ仕事に就ける状態を求められるようになった	○その他 (1)の出来事に派生する状況が持続する程度	
	⑤以前より高度の知識や技術が求められるようになった		
	⑥その他（仕事の質・責任の変化後の持続する状況に関すること）		
○仕事の裁量性の欠如 ・他律的な労働、強制性等	①仕事が孤独で単調となった		
	②自分で仕事の順番・やり方を決めることができなくなった		
	③自分の技能や知識を仕事で使うことが要求されなくなった		
	④その他（仕事の裁量性の欠如に関すること）		

総合評価		
弱	中	強

(注)
・新たに追加した具体的出来事は★で表示している（「心理的負荷の強度」の欄）。
・「具体的出来事」及び「心理的負荷の強度」について、従来からの修正部分を下線で表示している。
・(1)の具体的出来事の平均的な心理的負荷の強度は☆又は★で表現しているが、この強度は平均値である。また、心理的負荷の強度Ⅰは日常的に経験する心理的負荷で一般的に問題とならない程度の心理的負荷、心理的負荷の強度Ⅲは人生の中でまれに経験することもある強い心理的負荷、心理的負荷の強度Ⅱはその中間に位置する心理的負荷である。
・(2)の「心理的負荷の強度を修正する視点」は、出来事の具体的態様、生じた経緯等を把握した上で、「修正する際の着眼事項」に従って平均的な心理的負荷の強度をより強くあるいはより弱く評価するための視点である。
・(3)「(1)の出来事後の状況が持続する程度を検討する視点」は、出来事後の状況がどの程度持続、拡大あるいは改善したのかについて、「持続する状況を検討する際の着眼事項例」を評価に当たっての着眼点として具体的に検討する視点である。各項目は(1)の具体的出来事ごとに各々設定される。
・「総合評価」は、(2)及び(3)の検討を踏まえた心理的負荷の総体が客観的にみて精神障害を発病させるおそれのある程度の心理的負荷であるか否かについて評価される。

第8章　うつ病をめぐる補償と企業の責任

（c）業務以外の心理的負荷及び個体側要因により当該精神障害を発病したとは認められないこと。

157頁の**別表2**は、業務以外の心理的負荷の強度を測る指標であり、私生活において心理的負荷を与える事象を指標化しているものです。**別表2**に掲げる指標は、各出来事が有する平均的な心理的負荷の強度のみを挙げており、個別具体的な状況を斟酌して、その強度を修正することはしません。これは私生活上の出来事は多種多様なものがあり、個別具体的な状況を斟酌することは困難であると考えられているからです。

また、個体側の要因としては、既往歴、生活史、アルコール等依存状況、性格傾向を考慮します。まず、既往歴については、精神障害の既往歴が認められる場合には、個体側の要因として考慮します。また、治療のために医薬品による副作用についても考慮します。次に、生活史については、過去の学校生活、職業生活、家庭生活等における適応に困難が認められる場合には、個体側要因として考慮します。アルコール等依存状況については、アルコール依存症とは診断できないまでも、軽いアルコール依存傾向でも身体的に不眠、食欲低下、自律神経症状が出たり、逃避的、自棄的衝動から自殺行為に至ることもあるとされているので、個体側要因として考慮します。過度の賭博の嗜好等破壊的行動傾向も同様に考慮されます。最後に、性格傾向については、性格特徴上偏りがあると認められる場合には、個体側要因として考慮します。ただし、それまでの生活史を通じて社会適応状態に特段の問題がなければ、個体側要因として考慮する必要はないとされています。

（d）まとめ

① 業務以外の心理的負荷、個体側要因が特段認められない場合

調査の結果、業務による心理的負荷以外には特段の心理的負荷、個体側要因が認められない場合で、**別表1**の総合評価が「強」と認められるときには業務起因性があると判断して差し支えないとされます。

② 業務以外の心理的負荷、個体側要因が認められる場合

調査の結果、業務による心理的負荷以外に特段の心理的負荷、個体側要因が認められる場合には、**別表1**の総合評価が「強」と認められる場合であっても、業務以外の心理的負荷、個体側の要因も総合評価して、判断要件の充足の有無を総合評価することになります。

(別表2)

表2　職場以外の心理的負荷評価表

出来事の類型	具体的出来事	心的負荷の強度 I	心的負荷の強度 II	心的負荷の強度 III
①自分の出来事	離婚又は夫婦が別居した			☆
	自分が重い病気やケガをした又は流産した			☆
	自分が病気やケガをした		☆	
	夫婦のトラブル、不和があった	☆		
	自分が妊娠した	☆		
	定年退職した	☆		
②自分以外の家族・親族の出来事	配偶者や子供、親又は兄弟が死亡した			☆
	配偶者や子供が重い病気やケガをした			☆
	親類の誰かで世間的にまずいことをした人が出た			☆
	親族とのつきあいで困ったり、辛い思いをしたことがあった		☆	
	親が重い病気やケガをした		★	
	家族が婚約した又はその話が具体化した	☆		
	子供の入試・進学があった又は子供が受験勉強を始めた	☆		
	親子の不和、子供の問題行動、非行があった	☆		
	家族が増えた（子供が産まれた）又は減った（子供が独立して家を離れた）	☆		
	配偶者が仕事を始めた又は辞めた	☆		
③金銭関係	多額の財産を損失した又は突然大きな支出があった			☆
	収入が減少した		☆	
	借金返済の遅れ、困難があった		☆	
	住宅ローン又は消費者ローンを借りた	☆		
④事件、事故、災害の体験	天災や火災などにあった又は犯罪に巻き込まれた			☆
	自宅に泥棒が入った		☆	
	交通事故を起こした		☆	
	軽度の法律違反をした	☆		
⑤住環境の変化	騒音等、家の周囲の環境（人間環境を含む）が悪化した		☆	
	引越した		☆	
	家屋や土地を売買した又はその具体的な計画が持ち上がった	☆		
	家族以外の人（知人、下宿人など）が一緒に住むようになった	☆		
⑥他人との人間関係	友人、先輩に裏切られショックを受けた		☆	
	親しい友人、先輩が死亡した		☆	
	失恋、異性関係のもつれがあった		☆	
	隣近所とのトラブルがあった		☆	

(注)・新たに追加した具体的出来事は★で表示している（「心理的負荷の強度」の欄）。
　　・心理的負荷の強度ⅠからⅢは、**表1**と同程度である。

第8章　うつ病をめぐる補償と企業の責任

(3) 業務の過重性（精神的負荷の強度）の判断基準

　業務起因性の判断を行う際には、当該業務の過重性について、誰を基準に判断をするのかという問題があります。過去の裁判例では、同種労働者の中でその性格傾向が最も脆弱な者を基準としている例などもありますが（トヨタ自動車事件・名古屋高裁平成15年7月8日・労判856号14頁、中部電力事件・名古屋地裁平成18年5月17日・労判918号14頁）、多数の裁判例は平均的労働者を基準としています（テトラ事件・東京地裁平成21年2月26日・労判990号163頁）。ストレス脆弱性理論に依拠した判断を行う場合には、個体側の反応性・脆弱性は別途考慮されるため、業務の過重性自体は平均的労働者を基準にすることが論理的であるといえます。

(4) 業務起因性と企業が安全配慮義務違反を問われる場合の因果関係との関係

　以上のような業務起因性の判断は、業務と精神疾患の発症との間の相当因果関係の有無を審査しているのですが、当該精神疾患が業務と関係するのか、それとも私生活上の精神的負荷に起因するのか、あるいは固体側の素因を原因とするものかは、企業が安全配慮義務違反に基づく責任を問われるケースでも同様に問題となります。そのため、たとえば後掲アテスト事件判決（東京高裁平成21年7月28日判決・労判991号6頁、東京地裁平成17年3月31日判決・判時1912号40頁）などは、相当因果関係の有無の判断を行う際に、厚生労働省の業務上外の判断指針に沿って、業務の過重性を評価した上で、因果関係の有無を判断しています。

　労災給付における業務起因性は、業務に内在する危険が現実化した結果として精神疾患が発症したといえるか否かの問題であるのに対し、企業が安全配慮義務違反の責任を問われるケースでは、企業の義務違反と精神疾患による死亡等の損害との間の相当因果関係の有無が問題とされるため、両者は論理的には別のものですが、実際には同種の判断となるケースが多くなることも予想されます。

4 業務起因性の有無が争われた最近の裁判例について

　業務起因性の有無が争われた最近の裁判例では、厚生労働省の業務上外の判断指針に沿った判断が多数なされています。すなわち、それらの裁判例では、精神疾患の発症するメカニズムについて、いわゆる「ストレス－脆弱性」理論の妥当性を肯定し、厚生労働省の業務上外の判断指針を修正して適用するとしています。そして、具体的には、精神疾患の原因となったと考えられる出来事の精神的負荷の強度を当該事案における諸事情を総合考慮して評価し業務起因性の有無を判断しています。

　もっとも、これらの裁判例では、形式的には厚生労働省の業務上外の判断指針に沿った判断を行っていますが、出来事が客観的に有する精神的付加の強度を154頁～155頁の**別表1**の「Ⅲ」～「Ⅰ」のどのレベルと判断するか、また、当該出来事が生じたことに伴う影響がどの程度、持続、拡大したか、などの判断は、裁判所が事案毎の個別事情を総合考慮して判断しており、画一的判断ができるというものではありません。

　なお、一部の裁判例では、厚生労働省の業務場外の判断指針が行政庁内の通達にすぎず法的拘束力を持たないことや、精神疾患の発症した時期が不明である場合には評価すべき出来事を確定できないこと、各出来事の相互関係、相乗効果を評価する視点が明らかではないことなどの問題点を指摘して、判断指針に依拠せずに業務と精神疾患発症との間の相当因果関係の有無を判断している例もあります。もっとも、そのような裁判例においても、精神疾患を発症させる原因となった個別具体的な出来事の精神的負荷の強度を諸事情を総合考慮して判断している点は同じであり、判断方法や結論が大きく異なることはありません。

第8章 うつ病をめぐる補償と企業の責任

（フローチャート）

判断要件

次の要件のいずれをも満たす精神障害は、業務上の疾病として取り扱う。
(1) 対象疾病に該当する精神障害を発病していること。
(2) 対象疾病の発病前おおむね6か月の間に、客観的に当該精神障害を発病させるおそれのある業務による強い心理的負荷が認められること。
(3) 業務以外の心理的負荷及び個体側要因により当該精神障害を発病したとは認められないこと。

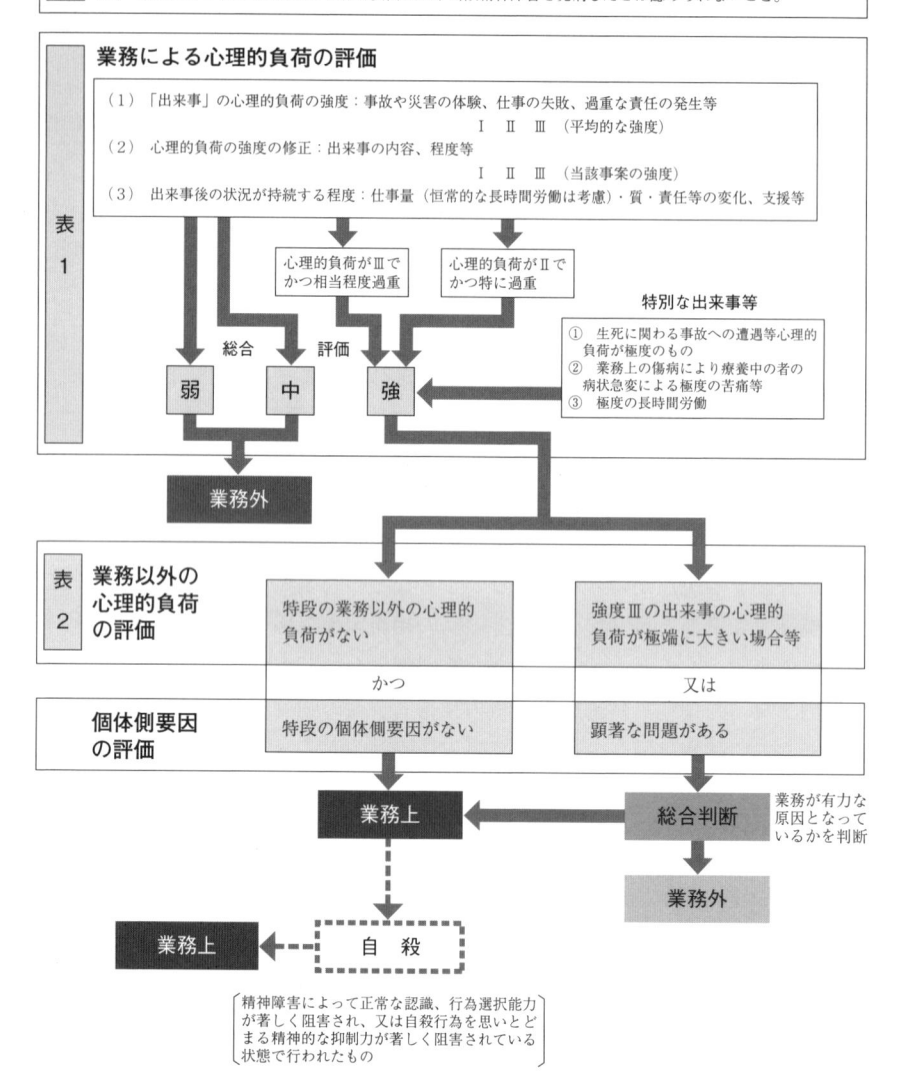

表1　業務による心理的負荷の評価

(1) 「出来事」の心理的負荷の強度：事故や災害の体験、仕事の失敗、過重な責任の発生等
　　　　　　　　　　　　　Ⅰ　Ⅱ　Ⅲ　（平均的な強度）
(2) 心理的負荷の強度の修正：出来事の内容、程度等
　　　　　　　　　　　　　Ⅰ　Ⅱ　Ⅲ　（当該事案の強度）
(3) 出来事後の状況が持続する程度：仕事量（恒常的な長時間労働は考慮）・質・責任等の変化、支援等

- 心理的負荷がⅢでかつ相当程度過重
- 心理的負荷がⅡでかつ特に過重

特別な出来事等
① 生死に関わる事故への遭遇等心理的負荷が極度のもの
② 業務上の傷病により療養中の者の病状急変による極度の苦痛等
③ 極度の長時間労働

総合評価：**弱**　**中**　**強**

弱 → 業務外

表2　業務以外の心理的負荷の評価

- 特段の業務以外の心理的負荷がない
- 強度Ⅲの出来事の心理的負荷が極端に大きい場合等

　かつ　　　　　　　　又は

個体側要因の評価

- 特段の個体側要因がない
- 顕著な問題がある

→ **業務上**

→ **総合判断**（業務が有力な原因となっているかを判断）→ 業務外

自殺 → **業務上**

精神障害によって正常な認識、行為選択能力が著しく阻害され、又は自殺行為を思いとどまる精神的な抑制力が著しく阻害されている状態で行われたもの

重 要 判 例

◆ **判例紹介・1　小田急レストランシステム事件**（東京地裁平成21年5月20日判決・判タ1316号165頁）厚生労働省の業務上外の判断指針に沿った判断をして業務起因性を肯定した例

【事案の概要】　故人は、30年以上にわたって勤務し管理職の地位にあったが、部下から、故人が売上金を着服したり、金庫から金員を窃取しているなど事実無根の中傷ビラを配布され、故人が始末書を提出させられ、一部役職を解かれた。その後も同じ部下が、再度中傷ビラを勤務会社社長に送付して問題を蒸し返され、その結果、故人が配置転換された。故人は、配置転換後新しい部署での勤務が予定されていた日に出社することなく、雑木林において縊死した。

【判決の内容】　保険給付が行われるためには業務と死亡との間に相当因果関係があることが必要であり、相当因果関係の有無はその死亡が当該業務に内在する危険が現実化したものと評価し得るか否かによって決せられるべきであって、業務の危険性の判断は当該労働者と同種の平均的な労働者を基準とすべきである。また、相当因果関係を判断するに当たっては、平成11年9月に旧労働省によって策定された「心理的負荷による精神障害等に係る業務上外の判断指針について」（基発第544号）が基礎とする「ストレス―ぜい弱性」理論による医学的知見に基づいた判断指針を踏まえつつ、複数の出来事による心理的負荷を総合的に判断して修正を行うのが相当である。

◆ **判例紹介・2　中部電力事件**（名古屋高裁平成19年10月31日・判タ1294号80頁）厚生労働省の業務上外の判断指針に依拠せずに業務起因性の有無を判断し肯定した例

【事案の概要】　故人は、主任に昇格したところ、当時の上司から「主任失格」「おまえなんか、いてもいなくても同じだ。」と叱責されたり、結婚指輪をはずすよう命ずるなどのパワハラを受け、それによってうつ病を発症させ焼身自殺した。

【判決の内容】　判断指針は、上級行政庁が下部行政機関に対してその運用基準を示した通達に過ぎず、裁判所を拘束するものでないことはいうまでもないし、その内容についても批判があり、現在においては未だ必ずしも十全なものとは言い難い。そこで、業務起因性の判断に当たっては、判断指針を参考にしつつ、なお個別の事案に即して相当因果関係を判断して、業務起因性の有無を検討するのが相当である。

第 8 章　うつ病をめぐる補償と企業の責任

◆ 判例紹介・3　JR西日本事件（京都地裁平成20年10月28日・判時1707号87頁）「ストレス―脆弱性」理論を肯定しつつも、厚生労働省の業務上外の判断指針によらずに業務起因性の有無を判断し、業務起因性を否定した例

【事案の概要】　故人は、高校卒業後、JR西日本に就職し、駅員業務に従事していたが、過去3回出勤時間に遅刻したため、両親を呼び出された上で厳重注意文書を交付されていたが、さらに遅刻をし、同僚から電話で起こされ、上司から早く出勤するよう指示を受けて社員寮を出たが、職場に向かう途中、適応障害を発症して電車に飛び込んで自殺した。

【判決の内容】　業務と精神障害の発症との間の相当因果関係の存否を判断するに当たっては、ストレスと個体側の反応性、脆弱性とを総合的に考慮し、業務による心理的負荷が、社会通念上、客観的に見て、精神障害を発症させる程度に過重であるといえる場合には、業務に内在し、又は随伴する危険が現実化したものとして、当該精神障害の業務起因性を肯定することができる。
　4回目の遅刻は、遅刻という業務上のミスから生じるストレスとしては相当程度大きな精神的負荷を生じさせるものであったと認められるが、遅刻というミスがありふれていること、会社または第三者に具体的な損害を与えるものではないこと、過去の厳重注意処分も時間管理に厳格な鉄道旅客運送業を営む会社の教育方針としては社会的相当性を欠くほどの処分であったとは認められないことに照らすと、精神障害を生じさせるほどの過重な精神的負荷を生じさせるものであったとは認められない。

◆ 判例紹介・4　日本トランスシティ事件（名古屋地裁平成21年5月28日・判タ1310号140頁）量的な過重労働があった事案について、業務の過重性を脳・心疾患の発症に関する基準に沿って判断し、業務起因性を肯定した例

【事案の概要】　故人は、国際輸送の手配、書類の作成等を行う営業所に勤務して、日常業務には関与せず、難易の高いODA関連等のスポット案件の新規獲得及び実行をほぼ一人で担当し、輸送先の現地調査、代理店の開拓及び契約なども行っていた。故人は、死亡前2か月に月100時間超の、それ以前4か月も月約80時間の残業をした上、死亡1、2か月前に気分（感情）障害（ICD-10のF3、主な症例はうつ病及び躁うつ病）を発症し、その後自殺した。

【判決の内容】　原告は、発症前1か月におおむね100時間を超える時間外労働が認められる場合又は発症前2か月～6か月にわたって1か月あたりおおむね80時間を超える時間外労働が認められる場合には、業務と発症との関連性が強いと判断すべきであると主張するところ、同判断基準は脳・心疾患

の発症に関するものであるから、精神障害の発症に直ちに採用しうるものではないが、100時間を超える時間外労働に従事する状態が1週間以上続く場合にはうつ病に罹患する率が高くなるとの研究結果と併せ、労働時間の面からする過重性判断の指標として参考にはできる。他方、被告が主張する認定基準による方法は、判断手法として有益な面があるとしても、これによらなければ、業務起因性が認められないというものではない。

◆ **判例紹介・5　東加古川幼児園事件**（東京地裁平成18年9月4日・判タ1229号91頁）過労が原因で退職した保育士の1か月後の自殺が労災認定として認められた事案

【事案の概要】　故人は無認可保育園に就職し、保育士として経験が十分になかったにも拘わらず、保育園の責任者を任され、保母としての通常業務に加え、責任者となるための打合せ、学習等の業務に従事したところ精神障害を発症させ退職した。故人は、退職後自宅療養を続けたが約1か月後に自殺した。

【判決の内容】　判決は、故人は、「保母としての経験が浅かったのに、C園で課せられた業務内容は極めて過酷なものであったというべきである」、として業務の過重性によってうつ病に罹患したと認定した上、自殺が退職後になされている点については、「うつ状態の特徴的な症状は抑うつ気分、意欲・行動の制止、不安、罪責感、睡眠障害であるところ、……故人は、M病院退院後も、自殺に至るまでの間、3月30日ころ罹患した精神障害であるうつ状態に特徴的な症状がたびたび出ていたと認めるのが相当であり、自殺するまでの間に、故人の症状が寛解したと認めるに足りる的確な証拠は存在しない」として、死亡の結果についても業務起因性を認めた。

5 企業が負担すべき民事上の損害賠償義務

(1) 労災保険と民事上の損害賠償義務との関係

　労災事故が発生した場合、企業は、労働者や遺族から民事上の損害賠償の請求を受けることがあります。損害賠償請求に先立ち、労災保険給付がなされている場合がありえますが、労災保険給付だけでは必ずしも損害のすべてが補償されないことに注意が必要です。

(a) 既払いの保険給付

　既払いの労災保険給付額は、企業が負担すべき損害賠償から控除（損益相殺）されます。ただし、慰謝料、入院雑費、付添看護費等は労災保険給付の対象外ですので、これらについては企業が別途負担する必要がある場合があります。

(b) 将来の年金給付

　最高裁は、労災保険の年金給付について、既払い給付分は損害賠償額から控除（損益相殺）されますが、将来給付分については控除されないとしています（三共自動車事件・最三小判昭和52年10月25日・判時857号73頁）。この判決の後、労災保険法の改正により64条が新設され、労災保険給付と民事上の損害賠償の調整が図られるようになりました。これにより、企業は、障害補償年金または遺族補償年金の前払一時金の最高限度額までは損害賠償の支払いを猶予され、この猶予の間に前払一時金または年金が現実に支払われたときは、給付額の限度で損害賠償責任を免れるものとされました。

(c) 特別支給金

　労働福祉事業の一環として支給される特別支給金については、第三者行為災害の場合に国が第三者に対する損害賠償請求権を代位取得しうる旨の定めがないことなどの理由により、将来分だけでなく、既払分についても控除が認められていません（コック食品事件・最二小判平成8年2月23日・判時1560号91頁）。

(2) 損害賠償義務の内容

　企業が負担すべき民事上の損害賠償義務には、大別して、安全配慮義務違反による債務不履行責任（労働契約法5条、民法415条）と、不法行為責任（民法709条、715条など）があります。

債務不履行責任と不法行為責任では、①消滅時効期間（債務不履行責任では履行を請求できるときから10年、不法行為責任では損害および加害者を知ったときから3年）、②遅延損害金の起算日（債務不履行責任では履行請求時、不法行為責任では不法行為時）、③遺族固有の慰謝料請求の可否（不法行為責任では認められうるが（民法711条）、債務不履行責任では認められない）などの違いがあります。

もっとも、実務上、債務不履行責任と不法行為責任との解釈運用の差異は小さくなっています。裁判例では、不法行為責任を認めたケースとして電通事件、三洋電機サービス事件などがありますが、安全配慮義務違反による債務不履行責任を認めたケースがより多くみられます（東加古川幼児園事件、スズキ事件、山田製作所事件など）。また、裁判例では、両者を同時に認めるケースや、債務不履行責任か不法行為責任かを明示しないケースもあります（アテスト（ニコン熊谷製作所）事件、みくまの農協事件、おたふくソース事件など）。これらの裁判例については後記5の「重要判例」を参照して下さい。

(3) 安全配慮義務

(a) 安全配慮義務とは

使用者は、職場の労働者の生命および身体等の安全を保護するよう配慮すべき義務を負っています。これを安全配慮義務といいます（労働契約法5条、民法415条）。

企業は、業務とうつ病発症、自殺との間の因果関係、予見可能性がある場合に、安全配慮義務違反による債務不履行責任を負います。ただし、企業に安全配慮義務違反があるとされる場合であっても、労働者側の事情により過失相殺が認められることがあります。

(b) 因果関係

業務とうつ病発症、自殺との間の因果関係について、裁判例では、労災認定における業務起因性の判断に用いられる前記業務上外の判断指針（「ストレス—脆弱性」理論）に準拠して判断するのが一般です。すなわち、「業務の加重性」が強度であり、「特定疾病」に該当すれば、因果関係が認定される傾向にあります。

裁判例では、物理的な時間外労働の程度が重要な判断要素とされていますが、量的な加重労働だけでなく、質的にストレスの高い職場である場合や、労働の

第8章　うつ病をめぐる補償と企業の責任

時間帯が考慮されるケースもありますので注意が必要です。

（c）予見可能性

過重労働などがあり、業務とうつ病発症との間の因果関係（業務起因性）が認められるケースでは、企業の自殺に対する予見可能性があると認定されています。

他方、業務と無関係にうつ病に罹患した労働者に対し、疾患の事実を知らないまま従前の業務を継続させ、または異動等を命じたため、これが新たなストレス原因となり自殺に至ったなどのケースでは、相当な注意を払っても労働者の疾患の存在や悪化を認識できなければ、自殺に対する予見可能性がないと判断される傾向にあります（みずほトラスト事件など）。

一般的に、定期健康診断の結果により医師の診断を受けうつ病に罹患していることの告知を受け、その旨を企業に対し報告した場合や、労働者が企業に対し基礎疾病や素因の存在を明言していた場合、あるいは、労働者の健康状態の悪化が外見から一見して明らかな場合には、企業に予見可能性が認められうると考えられます。

（d）過 失 相 殺

損害の発生（自殺）につき労働者側にも過失がある場合、過失相殺により損害賠償額が減額されることがあります。

過失相殺の可否は、①労働者の性格的要因、②前歴、素因、③労働者の対応、④家庭事情等、職場外要因などにおいて問題となります。

なお、過失相殺と労災保険給付額の控除（損益相殺）の順序について、判例は、先に相当な過失相殺を行い損害額を減額した後に、労災保険給付などの支給額を控除すべきものとしています（高田建設従業員事件・最三小判平成元年4月11日・判時1312号97頁）。

（4）取締役の責任が問われる場合

うつ病によるケースではありませんが、過重労働による心疾患死の責任について、会社法に基づく取締役の責任が問われ、認められた例があります（日本海庄や事件・東京地判平成22年5月25日・労判1011号35頁）。この判決は、従来の民法上の責任原因（不法行為と債務不履行）に加えて会社法上も責任原因があることを認めた例として注目を集めました。会社内に恒常的に過重労働状態がある場合に、これを防止する制度をつくる努力などを怠っている場合には、こ

のケースのように、取締役個人の責任が問われることもありますので、注意が必要です。

第8章 うつ病をめぐる補償と企業の責任

6 うつ病と企業の民事上の損害賠償責任をめぐる最近の裁判例

（1）何を学ぶべきか

うつ病が業務から生じることが社会的に認知されるようになったことや、過重労働の増加傾向に伴い、企業が民事上の損害賠償責任を追及される例も多くなることが予想されます。企業としては、そのような事態を避けるために、過去の裁判例から何を読み取るべきなのでしょうか。以下は、安全配慮義務違反または不法行為責任により企業に民事上の損害賠償責任を求めた重要な裁判例と最近の主要裁判例です。

（2）重要判例

> ◆**判例紹介・1　電通事件**（最高裁平成12年3月24日判決・判時1707号87頁）
>
> 【事案の概要】　広告代理店に勤務する故人が、長時間残業を1年余りも継続した後にうつ病に罹患し、自殺したというケース。会社に、不法行為に基づく使用者責任を認めた。
>
> 　業務遂行において時間配分はある程度故人の裁量に任されていたが、期限に間に合うことを強調する指示が出ていたことから、包括的な業務命令があったとされた。会社側は本人の申告する業務時間が実情よりも少ないことや、徹夜を含め継続的に残業を行うことが常況になっていること、顔色が悪いなど健康状態が悪いことを認識していながら、帰宅して睡眠をとるよう指導するだけで、故人の業務量を調整するなどの措置をとることもなかった（なお、地裁認定事実によれば、問題の職場は、酒の飲めない故人に酒を無理強いしたり、上司が靴の中にビールを注いで飲むよう求めるなど、職場環境一般の問題も指摘されている）。
>
> 【判決の内容】（損害賠償認容額：1億2,500万円、過失相殺：ゼロ）　恒常的に著しく長時間にわたり業務に従事していること及びその健康状態が悪化していることを認識しながら、その負担を軽減させるための措置を採らなかったことにつき過失があるとして、一審被告の民法715条に基づく損害賠償責任を認めた原審を肯定し、原審で本人の几帳面な性格と家族の落ち度等を認めて過失相殺3割を認めたのを、原告側の過失ゼロとした（後述）。

◆ **判例紹介・2　おたふくソース事件**（広島地裁平成12年5月18日・判タ1035号285頁）

【事案の概要】　故人は被告 Y_1 から転籍し被告 Y_2 においてソース製造に携わっていたが、当該作業場は熱暑と長時間労働を伴う過酷な労働環境であった上に、3名のシフトのうち1名がミスを連発し、リーダーがこれに怒って暴行を加え、その結果、他の部署へ異動させられてしまうなどのことが重なり、その結果、故人がリーダー的存在となって重責が加わり、チームのメンバーのミスが依然として続き自信を失うなどの精神的負荷もかかり、ついにうつ病を発症して自殺したという事件。

　作業場の環境が劣悪なまま長時間作業を余儀なくされ、さらに人間関係のストレスがかかっているという状況の中で、これを適切に把握せず、関係者や故人からの訴えにも適切な対処ができなかったという事例。

【判決の内容】（損害賠償認容額：1億1千万余円、過失相殺：ゼロ）　作業環境の悪さや人的環境の変化によって故人にストレスが増大したことは被告において把握できたはずであるのに、配置換えなどの適切な処置も行わず、故人が上司に対して「辞めたい」などの訴えをしていたのに、日常の言動を調査して対処するなどしなかったとして安全配慮義務違反を認めた。また、故人がうつ病にかかりやすい性格傾向を持っていたとしても、うつ病発症前の心身の慢性疲労状態について故人には責任はなかったとして過失相殺も否定した。

◆ **判例紹介・3　東加古川幼児園事件**（最高裁平成12年6月27日決定・労判795号13頁：上告不受理、大阪高裁平成10年8月27日判決・労判744号17頁、神戸地裁平成9年5月26日判決・労判744号22頁）

【事案の概要】　原告Xの子である故人は保母として勤務を始めた3か月後に心身症となり、1日入院した後に退職し、その後1か月で自殺した。地裁では、一度心身症に罹った後に回復が見られたことから、被告の責任を否定していたが、高裁では、故人がうつ病に罹患し自殺した原因は、経験の浅い故人に重責を負わせるなどの配慮を欠いた仕事の過酷さ以外に思い当たるものがないとして相当因果関係を認めた。被告Yの職場環境は、専属の調理師がいないため配膳まで保母が行う、故人が新人として経験が浅いにもかかわらずクラスを束ねる主任となり、しかもクラス担任全員が新人であるなど、人手不足のため劣悪で、一日10時間から11時間にわたる勤務に加えて休日も出勤するなど、過剰な心理的・肉体的負担が認められた。さらに上長による支援もなかったという状況が認められた。

【判決の内容】（損害賠償認容額合計約1,720万円、過失相殺：8割）　被告が、故人に対して通常なすべき配慮を欠いた結果自殺を招いたと認め、安全

第8章 うつ病をめぐる補償と企業の責任

配慮義務違反を認めたが、同時に、故人の性格的な要因も大きかったとして、損害の8割を原告、2割を会社の責任とした。最高裁は上告を棄却したので、高裁判決が確定した。

◆ **判例紹介・4　三洋電機サービス事件**（浦和地裁平成13年2月2日判決・判時1774号154頁）
【事案の概要】　故人は昇進の内示を受けた頃から欠勤が増え、自殺未遂も起こしたが、上司は勤務継続を強く勧め、叱咤激励していたところ、家族（父）の死亡等のストレスなども重なって自殺に至ったもので、うつ病の罹患は必ずしも明確ではないが、自殺を引き起こす精神状態であったと認定された事例。
　会社からみると過剰な負担といえないような昇進とも思われたが、本人が拒否したり体調を崩すなどの兆候が見られた。激励の意図で叱咤激励したことによってかえって追い詰められたことが推測される。
【判決の内容】（損害賠償認容額合計：1,310万円、過失相殺5割）　「使用者は、日頃から従業員の業務遂行に伴う疲労や心身の健康を損なうことがないように注意する義務を負う」とし、故人の状態を注意深く見れば自殺は予見可能だったとした。職務自体は過剰な負担とはいえないとしながらも、指揮監督権限を有する上司が、故人に適切な対応をせず、暴言等によって追いつめたことから、安全配慮義務違反を認めた。ただし、自殺に至った原因には故人固有のものがあったとして、会社の寄与度は3割とし、さらに過失相殺5割も認めた。

◆ **判例紹介・5　みくまの農協事件**（和歌山地裁平成14年2月19日判決・判タ1098号189頁）
【事案の概要】　原告Xらの夫（または父）である故人は、被告農業協同組合（Y）の給油所の所長だったが、台風の襲来により給油所が浸水し被害を受けたことから、その対応などに追われているうちにうつ病を発症し、自らの対応がよくなかったと自責の念を深め、1か月後に自殺した。
　既往症のある社員に過重な負荷がかかる事情が生じた際には、特に注意深く様子を観察し再発を予測して危険回避策を講じなければならず、何の措置もとらず放置していると、それだけで安全配慮義務違反を認められる可能性があることを示す判決。
【判決の内容】（損害賠償認容額：合計1,800万円、過失相殺7割）　故人は昭和61年に一度うつ病を発症したことがあり、そのことを知っていた上司もおり、また、台風襲来後も、同じことを繰り返し発言するなどの兆候を現していたのに、そのまま事後処理を委ねていたとして、安全配慮義務違反が認められた。他方で、台風襲来から自殺までが比較的短期間で、対処を要する

事態であることを容易に認識できなかったと思われることや、遺族の側からYに対して異変について連絡もなかったなどの事情から、過失相殺による7割の損害減額を認めた。

◆ 判例紹介・6　スズキ事件（静岡地裁浜松支部平成18年10月30日判決・判タ1228号193頁）

【事案の概要】　故人はシート設計に関する業務を長年行っていたところ、異動によって、車体設計という異なる業務に異動となったことや、部下の人数も数名から21名に増加してその人事評価も行うようになったことなどから、その業務に重圧を感ずるようになり、月平均で約100時間もの時間外労働をするようになった。そして、最後には呆然とした状態になることがあり、周囲の者に対し、「シートに関係する人に監視されているように感じる。」などと被告の業務に関連する意味不明な発言をするようになり、うつ病を発症し、自殺した。

　月100時間を超える残業が数か月以上続き、上司に対しても意味不明の発言をしており、活気がなくなっていた。上司はその言動がおかしいことに気付いていたが、面談しただけで、負担軽減の措置をとらなかった。

【判決の内容】（損害賠償認容額：約5,900万円、過失相殺：ゼロ）　月100時間以上の残業や、活気がなくなり、意味不明の発言をしたなどの兆候がありながら業務負担軽減などをとらずにうつ病を発症させたことは安全配慮義務違反であるとした。執着気質であることや家族や自分の病気の心配という要因があったが、「その性格が同種の業務に従事する労働者の個性として通常想定される範囲を外れる」ものではなく、業務以外にうつ病発症の主要因は認められないとして過失相殺を否定した。

◆ 判例紹介・7　山田製作所事件（熊本地裁平成19年1月22日判決・労判937号109頁、福岡高裁平成19年10月25日判決・判時2012号129頁も同様）

【事案の概要】　故人は被告Y（自動車部品・農業用機械部品製造販売業）において、塗装業務を担当する社員で、まじめで責任感が強く明るいという印象を持たれており、入社以来死亡するまでの6年間にうつ病等の診断を受けたことはなかった。ところが、死亡の数か月前、望んでいないのにリーダーに昇格し心理的負担が増加した上に、数か月間にわたり作業の遅れや不具合の発生などから1か月当たり118時間を超える時間外労働をするなどの事情があった後、うつ病を発症し、自殺した。故人は生真面目で責任感の強い社員で、外見上、問題がないように努力していた。過剰な超過勤務や会社内の地位の変化などによって心理的・肉体的負担が急激にかかる状態であった。

第8章　うつ病をめぐる補償と企業の責任

【判決の内容】（損害賠償認容額：約7,400万円、過失相殺：ゼロ（争点にならず））　　Yは、故人は努力して外見上問題ない勤務態度をとっており、Yは故人の健康状態の悪化を予見できなかったと主張したが、裁判所は、連続して1か月100時間を超える超過勤務を行い、リーダーとしての心理的負担も加わったことから、健康状態に問題があったと予見できたと認定した。その上で、リーダー昇格や作業の遅れ、不具合の発生などの状況から、故人の勤務時間が過剰となり心身に変調をきたすことがないように注意する義務があったのに、休養させたり異動の希望を調査するなどの配慮もせず漫然と放置していたとして安全配慮義務違反を認めた。

損害賠償責任を認めた最近の例

◆ **判例紹介・8　アテスト（ニコン熊谷製作所）事件**（東京高裁平成21年7月28日判決・労判991号6頁、東京地裁平成17年3月31日判決・労判894号21頁）

【事案の概要】　　Y_1社員がY_2社に派遣されシステム開発をしているうちに、1年半余り後にうつ病のため自殺した。クリーンルームでの交替制勤務という特殊な環境においては、常軌を逸した長時間とまでいえなくても、休日労働・時間外労働を含む海外出張や15日間連続勤務という労働時間における過重性に加え、昼夜交替勤務、クリーンルーム内作業、外部からの就労者という特殊事情から、通常の環境以上にうつ病等の疾患にかかりやすくなることが考慮された。

地裁・高裁判決ともに、厚労省「業務上外の判断指針」に基づき、うつ病発症の業務起因性を認め、また、地裁で本人の素因を考慮して認めた3割の過失相殺をゼロとした点で注目を集めた。また、Y_1、Y_2について不真正連帯債務を負うとした。

【判決の内容】（損害賠償認容額：7,058万円、過失相殺：ゼロ）

◆ **判例紹介・9　JFEスチール事件**（東京地裁平成20年12月8日判決・判タ1319号120頁）

【事案の概要】　　在籍出向中にシステム開発の現場責任者として勤務していたところ、不具合が続き、実労月290時間超、出張、休日出勤が数か月続いた末、うつ病に罹患、その後入院を含め4か月間療養して復職したが、復職3か月後に自殺した。数か月の過酷な労働の状況を知りながら特に措置をとらず、うつ病発症後も負担軽減の措置をとらなかったために入院を要するまでに悪化させたことに安全配慮義務違反があるとされた。なお、出向元は直接監督できなかったとして責任が否定されている。本人の希望により復職したことや復職の際に面談で体調は回復しているなどと伝えていたことから3

割の過失相殺が認められた。
【判決の内容】（損害賠償認容額：出向先のみ7,900万円、過失相殺3割）

◆ 判例紹介・10　トヨタ・デンソー事件（名古屋地裁平成20年10月30日判決・労判978号16頁）（第7章でも紹介）
【事案の概要】　取引先へ出向中に、緊張度の高い職務に（出向先上司によるパワハラは否定されているが強く叱責されていることなどから緊張度が高いとされている）、本人自身のストレス脆弱性も相まって、うつ病を発症し、その後復職し、再度うつ病を発症したケース。ストレス－脆弱性の理論により精神障害の成因を考慮し、労災認定とは一応独立して相当因果関係を認定するとの基準を採用。第一回の発症について本人の訴えにもかかわらず出向を継続し業務軽減しなかったことなどから出向元・先ともに予見可能性ありとしたが、第二回の発症については、業務内容も変わり、復職後1年以上異常がなかったことなどから、予見可能性なしとされた。
【判決の内容】（損害賠償認容額：出向元、出向先各自150万円、過失相殺（素因減額）：3割）

◆ 判例紹介・11　郵政公社事件（東京地裁平成21年5月18日判決・労判991号120頁）
【事案の概要】　郵便局の「深夜勤」について、深夜勤自体は適法とされ、労基法違反の長時間労働などもなかったケースで、不規則な交替夜勤の指定によってうつ病に罹患したことを認め、安全配慮義務違反が認められた。ただし、慰謝料のみ。なお、本判決は、控訴審である東京高裁平成23年1月20日判決（労経速62巻9号3頁）において、うつ病罹患と連続深夜勤の因果関係が否定され、取消されています。
【判決の内容】（損害賠償認容額：原告2名に各80万円、50万円　過失相殺：争点にならず）

◆ 判例紹介・12　富士通四国システムズ事件（大阪地裁平成20年5月26日判決・判時2032号90頁）
【事案の概要】　新入社員が自ら午後出社し深夜勤務をするなどしているうちに、2年未満のうちにうつ状態を発症したというケースで、会社はパーソナリティ障害なども主張したが、残業が恒常的に1か月100時間を超える状態で、健康診断の助言にも従わない状態であった以上、助言・指導では足りず、業務命令として出社・帰社を強制するなどの措置が必要とされ、安全配慮義務違反とされた。ただし、上司の注意をきかず自ら不規則な生活をして症状を悪化させたとして過失相殺を類推し、損害の3分の1を減額。
【判決の内容】（損害賠償認容額：112万円、過失相殺：3分の1）

第8章　うつ病をめぐる補償と企業の責任

> **損害賠償責任を認めなかった最近の例**
>
> ◆ **判例紹介・13　みずほトラスト事件**（東京高裁平成20年7月1日判決・判時2048号16頁、東京地裁八王子支部平成18年10月30日・労判934号46頁）
>
> 【事案の概要】　客観的には過重といえない業務遂行により、うつ病にかかったSE業務に従事していた新入社員の入社半年後の自殺について、第一審、二審ともに会社に責任がないとされた事例。本人は入社後4か月ころにうつ病に罹患し、その後1か月半後に飛び降り自殺した。原告は、コンピュータプログラムについて経験のない故人に対するサポート体制がないまま過重な作業を行わせた結果うつ病に罹患した、と主張したが、結局は課題をこなしている、退社時刻がおおむね18−19時だった、などの認定により客観的に過重といえないと判断され、うつ病発症は故人の脆弱性によるものであり、軽微な仕事でうつ病に罹患したことを会社は知りえなかった、とされた。
>
> ◆ **判例紹介・14　ヤマトロジスティクス事件**（東京地裁平成20年9月30日判決・労判977号59頁）
>
> 【事案の概要】　知的障害を伴う自閉症を有するAは、勤務時間短縮によって雇用形態が変わり、給与が下がることについて苦にしていた。また、人事部はAの自閉症を認識していた。しかし他方で、上司や同僚は知的障害があることを前提にAを受入れ、Aも2年以上にわたり無断欠勤等なく勤務を続けていたこと、勤務内容が簡単で強い心理的負荷もないものだったことなどの認定から、会社には、自殺するという具体的な結果発生までの予見可能性はなかったとした。なお、Aが積極的に雇用形態の変更について特に会社に抗議するなどの事情もなかった。
>
> ◆ **判例紹介・15　前田道路事件**（高松高裁平成21年4月23日判決・判時2067号52頁、松山地裁平成20年7月1日判決・労判968号37頁）
>
> 【事案の概要】　営業所長として業績に関する虚偽報告を行うために不正経理を開始、その後これを是正するように上司に厳しく指示されていたところ、約1年後にうつ病から自殺した。一審では過剰なノルマの強要や執拗な叱責によりうつ病を発症・増悪させたとして総額約3,000万円の損害賠償が認められていたが、二審では、叱責は社会通念上許容される業務指導の範囲を超えないとされ、損害賠償責任が否定された。

(3) 職場環境の積極的な整備の必要性

　これらの裁判例から、企業の人事担当者としては、まず、職場環境の積極的な整備を心がける必要性があることがわかります。

　(a) 過重労働

　人事担当者あるいは使用者として注意を要する状態としては、まず、事実として長時間労働が恒常化している場合です。月100時間を超える残業が続く場合には、一般に過剰な長時間労働とみなされます。

　また、量的な過重労働のほかにも、質的にストレスの高い職場環境である場合には注意が必要です（「アテスト事件」）。

　(b) 裁量労働であっても、要注意

　「電通事件」では、裁量労働だったため、上司は新人社員が働くに任せていたのですが、徐々に自分を追い詰め、過剰な長時間労働に至っていたのに、それを改善しようとしなかった不作為をもって不法行為責任をとわれています。同様に、「JFEスチール事件」では、管理職として時間管理されていなかったのですが、実質的に相当の長時間労働であったと推定され、安全配慮義務違反が認められています。月100時間超の過重時間外労働を1年間続けていた、自己申告制をとっていたが厚生労働省の「労働時間の適正な把握のために使用者が講ずべき措置に関する基準」（平成13.4.6）に照らして長時間労働が続いていた以上、放置したのは不法行為とした例もあります（福岡地裁平成21年12月2日・労働判例999号14頁）。

　会社としては、管理職、裁量労働、自主申告制など、ゆるやかな時間管理がなされている場合にも、過剰に長時間労働がなされていないかどうか把握する必要があるといえるでしょう。

　(c) 時間ばかりでなく、時間帯にも注意が必要

　労働基準法違反や長時間の残業はなかったものの、連続して深夜業務に就くことによるストレスからうつ病になったとして深夜勤による慰謝料が認められた例（「郵政公社事件」）もあります。

　(d) 特定のストレス原因に留意する

　従業員の職務環境が激変する機会にも、特に注意して様子を観察する必要があります。環境激変例としては、転勤、出向などによる物理的変化（「アテスト事件」）のほか、管理職昇格がストレスとなったケース（釧路地裁帯広支部平成21年2月2日・音更町農業協同組合事件）もあります。台風への対応に忙殺さ

第8章　うつ病をめぐる補償と企業の責任

れているうちに急激に精神疾患を発症した例もあります（「みくまの農協事件」）。

（4）通常以上の配慮が必要な場合
（a）素因、既往症がある場合、復職期など

　また、通常人であれば耐えられるストレスでも、精神的に脆弱などの素因がある場合には、うつ病を発症することもあります。それは社員に原因があるのだから、会社に責任はないのではないか、という考え方は禁物です。裁判例では、社員の素因を過失相殺などの形で損害賠償金額を減額するために考慮することは見られますが、会社として社員のストレスに対する脆弱さを認識していたのに放置したなどのケースであれば、結果を予見できた、として安全配慮義務違反を認めているからです。

　典型的な例としては、一度うつ病に罹り、復職した場合です。十三総合病院事件・大阪地裁平成19年5月28日判決では、うつ状態で失踪した医師が、その後復帰したからといって従来どおりの勤務をさせていたのは安全配慮義務に違反するとされました。また、「トヨタ・デンソー事件」では、既往症がある場合は通常人よりも脆弱であることから、特に配慮しなければならなかったとして会社の責任を認めています（一方で素因による過失相殺3割を認めています）。

　特に脆弱性が認められないケースでも、叱責された後の無断欠勤を放置していたことの責任が問われた例もありますので、日ごろから、顔色が悪い、ミスが増える、無断欠勤などの兆候を軽視しないことが重要でしょう。

（b）他社社員が勤務する場合、社員を他社へ派遣する場合

　近年よくみられるケースとして、労働力調整のために派遣、業務委託、出向といった形態で、他社に常駐して勤務する場合があります。このような場合は、雇用契約上の責任者は誰かが問題となります。古くは出向社員について、出向元の責任を否定した裁判例もありますが（札幌地判平成10年7月16日・判時1671号113頁）、最近では出向元と先のいずれも責任があるとするケースも多数みられます（「トヨタ・デンソー事件」、「JFE事件」、「アテスト事件」）。

（5）社員間、上司部下間のトラブル
（a）いじめが介在する場合

　うつ病等の精神疾患発症の背景には、社内の人間関係の軋轢も大きく影響しています。たとえば社内のいじめによって精神的に追い詰められて精神疾患を

発症する場合にも、会社には、良好な職場環境を確保する義務としての安全配慮義務が認められ、損害賠償につながります。

（ｂ）教育的叱責との境界

「前田道路事件」では、上司の叱責によるうつ病罹患が問題となりました。高裁においては教育的指導として会社に違法行為はなかったとされましたが、地裁では、うつ病の原因となった責任を会社がとるべきとの判断がなされました。指導といじめとの境界は現実には判別しにくい面もあり、特に指導を受ける側の受け取り方にもよるので、トラブルの原因となります。相性の合わない上司部下の関係をそのままにしておくと、会社は法的リスクを負うことになります。

（6）会社の損害賠償責任を否定した判決

会社が損害賠償責任を問われて訴えられたものの、結局、責任なしとされた例も存在します。「みずほトラスト事件」では、コンピュータの初心者である故人がSEとしての研修やその後の業務についていけず、うつ病を発症しましたが、研修や作業の内容が客観的に過重ではなく、故人がストレスに対し脆弱であることを知ることもできなかったとして、相当因果関係が否定されました。また、「ヤマトロジスティクス事件」では、会社（人事部）は自閉症であることを認識しており、また、直前に、給与減額を伴う勤務時間の短縮があったものの、その業務内容や時間（週5日、1日5時間勤務）が客観的に見て過重でないとし、切迫した異常行動などが認められないとして、自殺することまでは予見できなかった、としました。

これらの裁判例からは、客観的な業務時間や業務内容の過重性や、本人が病気の兆候を明確に示していたのに放置していたかどうか、という事情が大きな考慮要素となることがわかります。

（7）過失相殺

（ａ）性格的要因

うつ病になりやすい性格が、会社の責任にどのように影響するかについて、「電通事件」最高裁判決は、「ある業務に従事する特定の労働者の性格が同種の業務に従事する労働者の個性の多様さとして通常想定される範囲を外れるものでない限り、その性格及びこれに基づく業務遂行の態様等が業務の過重負担に

起因して当該労働者に生じた損害の発生又は拡大に寄与したとしても、そのような事態は使用者として予想すべきものということができる」として過失相殺を否定しました。下級審の多くがこの枠組みで判断しています。

(b) 前歴、素因

精神疾患にかかったことがある前歴、あるいは罹患しやすい素因も、使用者側が過失相殺要素として主張する代表的な事情です。

裁判例では労働条件の過酷さとの兼ね合いで公平の観点から考慮されています。素因（執着気質）が過失相殺要因として認められなかった例（スズキ事件）もある一方、素因（社員の精神的脆弱性）があったとして3割減額（トヨタ・デンソー事件）が認められた例もあります。

(c) 本人の対応

また、従業員側の事情が考慮される例として、自分の意思で職場復帰したということが考慮され3割の過失相殺が認められた例（JFEスチール事件）、健康診断を勧めたり残業しないよう助言指導したのに無視するなどの態度を考慮して3分の1を減額した例（富士通四国システムズ事件・大阪地裁平成20年5月26日判決）があります。

(d) 家庭事情等、職場外要因

他の過失相殺の考慮要因としては、家庭事情その他職場外要因があります。しかし、精神疾患の増悪を家族が気付くべきだったとの主張は、多くの場合、認められていません（妻に受診させなかった過失はない（知識ない）とされたり（福岡地裁平成21年12月2日・労働判例999号14頁）、地裁で金銭的な心配やうつ病から自殺までが短期間で結果回避可能性が低いとして過失相殺3割を認めていたのを、取り消して過失相殺を否定した「アテスト事件高裁判決」があります）。

〈執筆者一覧〉

根岸 勢津子	（コンサルタント　株式会社プラネット・コンサルティング）
初鳥 有希	（産業医　初鳥メンタルヘルス研究所）
秋山 清人	（弁護士　山崎・秋山法律事務所）
大谷 惣一	（弁護士　シュエット法律事務所）
木元 有香	（弁護士　鳥飼総合法律事務所）
隈本 源太郎	（弁護士　隈本綜合法律事務所）
清田 路子	（弁護士　清田法律事務所）
谷村 紀代子	（弁護士　新東京総合法律事務所）
髙山 烈	（弁護士　竹田・髙山法律事務所）
中山 代志子	（弁護士　渥美・坂井法律事務所・外国法共同事業）
中重 克巳	（弁護士　山田・尾﨑法律事務所）
野口 彩子	（弁護士　シグマ法律会計事務所）
福崎 剛志	（弁護士　鳥飼総合法律事務所）
松本 優子	（弁護士　山崎・秋山法律事務所）
山田 康成	（弁護士　ひかり総合法律事務所）
米澤 章吾	（弁護士　新東京総合法律事務所）
石井 清香	（社会保険労務士　総合労務コンサルタント石井清香事務所）
織田 純代	（社会保険労務士　社会保険労務士法人　日本人事）
金子 浩	（社会保険労務士　社会保険労務士法人　開東社会保険労務事務所）
小泉 桂太	（社会保険労務士　社会保険労務士法人　開東社会保険労務事務所）
酒井 登志枝	（社会保険労務士　Office SAKAI）
時枝 慎一郎	（社会保険労務士　時枝社会保険労務士事務所）
中村 友美	（社会保険労務士　社会保険労務士法人　開東社会保険労務事務所）
山本 喜一	（社会保険労務士　社会保険労務士法人　日本人事）

〈編著・研究会紹介〉

労務・社会保険法研究会

中小企業の日々の労務管理において、日頃から紛争解決の手段まで視野に入れた適切な法的サービスを提供したいとの想いから発足した、第二東京弁護士会所属の弁護士と社会保険労務士の有志による研究会。平成20年10月の発足から、異なる士業間で中小企業における問題や視点を共有し、情報を発信している。

＊なお労務・社会保険法研究会は、第二東京弁護士会の会員により構成されていますが、第二東京弁護士会の機関ではなく、第二東京弁護士会は、本書の出版、内容につき何ら関与しておらず、本書に関して何らの責任を負うものではありません。

企業のうつ病対策ハンドブック
——つまずかない労務管理2——

2011（平成23）年7月20日　第1版第1刷発行

編　者　労務・社会保険法研究会
発行者　今井　貴・渡辺左近
発行所　株式会社　信山社
〒113-0033　東京都文京区本郷6-2-9-102
Tel 03-3818-1019　Fax 03-3818-0344
info@shinzansha.co.jp
笠間才木支店　〒309-1611　茨城県笠間市笠間515-3
笠間来栖支店　〒309-1625　茨城県笠間市来栖2345-1
Tel 0296-71-0215　Fax 0296-72-5410
出版契約 2011-5368-9-01010　Printed in Japan

Ⓒ労務・社会保険法研究会, 2011　印刷・製本／松澤印刷・渋谷文泉閣
ISBN978-4-7972-5368-9 C3332　分類328.609-d002 労働法・社会保障法
5368-0101：012-010-005　p196：b1500：P2600《禁無断複写》

待望の創刊第1号!!

岩村正彦・菊池馨実 責任編集

社会保障法研究　創刊第1号

社会保障法の草創・現在・未来

菊変・並製・352頁　5,000円（税別）　ISBN978-4-7972-6511-8　C3332

理論的・基礎的研究を通して
国家の理念形成に果す社会保障法学の役割

実務と理論を架橋し新しい社会保障法学のために

【目　次】
荒木誠之◎1 社会保障の形成期―制度と法学の歩み―
◆第1部　社会保障法学の草創
稲森公嘉◎2 社会保障法理論研究史の一里塚
　　　　　―荒木構造論文再読―
尾形　健◎3 権利のための理念と実践
　　　　　―小川政亮『権利としての社会保障』をめぐる覚書―
中野妙子◎4 色あせない社会保障法の「青写真」
　　　　　―籾井常喜『社会保障法』の今日的検討―
小西啓文◎5 社会保険料拠出の意義と社会的調整の限界―西原道雄「社会保険における拠出」「社会保障法における親族の扶養」「日本社会保障法の問題点　一　総論」の検討―
◆第2部　社会保障法学の現在
水島郁子◎6 原理・規範的視点からみる社会保障法学の現在
菊池馨実◎7 社会保障法学における社会保険研究の歩みと現状
丸谷浩介◎8 生活保護法研究における解釈論と政策論
◆第3部　社会保障法学の未来
太田匡彦◎9 対象としての社会保障
　　　　　―社会保障法学における政策論のために―
岩村正彦◎10 経済学と社会保障法学
秋元美世◎11 社会保障法学と社会福祉学
　　　　　―社会福祉学の固有性をめぐって―

信山社

◆ **判例総合解説シリーズ** ◆

競業避止義務・秘密保持義務
石橋 洋　2,625 円(税込)

休憩・休日・変形労働時間制
柳屋孝安　2,730 円(税込)

団体交渉・労使協議制
野川 忍　3,045 円(税込)

不当労働行為の成立要件
道幸哲也　3,045 円(税込)

職場のいじめとパワハラ・リストラ QA150
水谷英夫　3,990 円(税込)

職場のいじめ―「パワハラと法」
水谷英夫　2,940 円(税込)

職場のセクハラ―使用者責任と法
小島妙子　2,520 円(税込)

労災補償の諸問題(増補版)
山口浩一郎　9,240 円(税込)

トピック社会保障法(第5版)
本沢巳代子・新田秀樹 編著　2,520 円(税込)

国民健康保険の保険者
新田秀樹　7,140 円(税込)

――― 信山社 ―――

◆ **退職金切り下げの理論と実際**
つまずかない労務管理 1
労務・社会保険法研究会 編　3,045 円（税込）

秋山清人／岩崎通也／大谷惣一／隈本源太郎／酒井俊介／髙山烈／中重克巳／
野口彩子／福崎剛志／松井創／南山佳仁／山田大護／石井清香／織田純代／
金子浩／小泉桂太／酒井登志枝／時枝慎一郎／中村友美／三平和男／山本喜一

◆ 労務管理の新手法をわかりやすく提示 ◆
普段の労務管理作業において利便のチェックシートを提示。
また、分かりやすいＱ＆Ａ 80 例により、具体的対応方法を明確に把握。
さらに、具体的判例の解説も 10 例掲載、労務管理の効率化、公正化を
システマティックに可能にした待望の書。

◆ **プラクティス労働法**
山川隆一 編　3,990 円（税込）

◆ 基礎を身につけるコンセプトで作られた新感覚標準書 ◆
具体的かつ的確なイメージを 5 行程度の illustration 事例で確実に把握し、また章ごとの演習用
ケース問題で、知識の定着を図り、応用力を養成。
巻末に、第一線の弁護士の解説付きの横断的な「総合演習」も 6 問掲載。
これ 1 冊で基礎から、高度な知識の獲得まで、読者を的確に導く最新型テキスト兼実務書。

◆ **労働法講義　上　総論・雇用関係法Ⅰ**
渡辺　章 著　6,615 円（税込）

◆ 労働法理論の適用場面をリアルに解説した法科大学院用体系書 ◆
上巻 14 講・下巻 10 講で構成した実務や司法試験にも対応した体系書。
＜上巻内容＞労働関係法総説／労働基本権の保障／労働憲章／労働契約と就業規則／労働契
約上の権利義務／労使協定等・労働協約／賃金法制／法定労働時間制・時間外労働／弾力的
労働時間制／年次有給休暇／労働契約の成立と試用労働契約／異動人事／労働契約の終了

下巻　2011 年末刊行予定

信山社